精准脱贫：重庆的探索与实践

重庆市扶贫开发办公室　组织编写

怎样实现兜底扶贫

苏海 / 编著

中国文联出版社

图书在版编目（CIP）数据

怎样实现兜底扶贫 / 重庆市扶贫开发办公室组织编写 . 苏海编著 .
-- 北京：中国文联出版社，2021.12
ISBN 978-7-5190-4776-4

Ⅰ.①怎… Ⅱ.①苏… Ⅲ.①扶贫－研究－重庆
Ⅳ.① F127.719

中国版本图书馆 CIP 数据核字 (2021) 第 248440 号

编　著　苏　海
责任编辑　王　斐
责任校对　胡世勋
图书设计　谭　锴

出版发行　中国文联出版社有限公司
社　　址　北京市朝阳区农展馆南里 10 号　　邮编　100125
电　　话　010-85923025（发行部）　010-85923091（总编室）
经　　销　全国新华书店等
印　　刷　北京市庆全新光印刷有限公司

开　　本　880 毫米 × 1230 毫米　　1/32
印　　张　5.25
字　　数　88 千字
版　　次　2021 年 12 月第 1 版第 1 次印刷
定　　价　55.00 元

精准脱贫：重庆的探索与实践
编委会

精准脱贫：重庆的探索与实践

编写组

主　　编：魏大学

执行主编：孙小丽　　牛文伟

副 主 编：赵紫东　谭其华　杨　勇　陈　勇　皮永生

目录

第四章·重庆市兜底扶贫的前景展望与长效保障

后记

第一章·重庆市兜底扶贫的现实意义与理论依据

怎样实现兜底扶贫

兜底扶贫作为精准扶贫、精准脱贫体系中的有机组成部分，是解决贫困问题，实现贫困人口和贫困社区全面系统性发展的基础要素，是脱贫攻坚的底线制度安排，也是"五个一批"分类施策的重要内容。兜底扶贫可从狭义和广义两个层面去理解，狭义的兜底扶贫主要指以低保制度为核心的社会救助扶贫。广义的兜底扶贫则指政府为解决贫困问题，针对完全或部分丧失劳动能力的贫困人口，制定并实施的一系列社会保障制度。从扶贫主体讲，兜底扶贫的主体主要为政府。对困难个人和家庭提供无偿救助，保障其基本生活，确保社会稳定，是政府的重要责任。当然，也需要积极引导社会力量助力兜底扶贫，发挥企业和社会组织在兜底扶贫中的特有功能。从扶贫客体讲，兜底扶贫的客体主要是因年老、疾病、残疾、家庭受损、缺乏保护而陷入生活困境的个人和家庭。从扶贫内容和方式讲，兜底扶贫主要是为符合政策规定的贫困个体和家庭，提供物质和精神方面的服务，以满足其医疗、养老、就业和教育等方面的需求。

《中共中央关于制定国民经济和社会发展第十四个五年规划和二〇三五年远景目标的建议》提出，要实现巩固拓展脱贫攻坚成果同乡村振兴有效衔接。建立农村低收入人口和欠发达地区帮扶机制，保持财政投入力度总体稳定，接续推进脱贫地区发展。同时，要健全防止返贫监测和帮扶机制，健全农村社会保障和社会救助制度，巩固脱贫成果，提高贫困人口及贫困社区的内生发展能力。2020年12月3日，习近平总书记主持召开中央政治局常委会会议，听取脱贫攻坚总结评估汇报。重点研究脱贫攻坚任务完成后，如何巩固拓展脱贫攻坚成果。提出要兜住民生底线，规范管理公益岗位，以现有社会保障体系为依托，促进弱劳力、半劳力等家庭就近就地解决就业，保障这些群众的基本生活。从国家的顶层设计层面来看，社会救助和社会保障制度事关困难群众的基本生活和衣食冷暖，是保障基本民生、促进社会公平、维护社会稳定的兜底性、基础性制度安排。这就要求我们更好地理解兜底扶贫在国家整体发展战略中的重要性和特殊性，并从理论和实践层面，总结落实习近平总书记关于扶贫工作的重要论述，切实兜住兜牢民生保障底线，构建密实牢靠的民生兜底保障安全网，不断增强贫困人口的获得感、幸福感和安全感。

重庆市兜底扶贫的现实意义

　　社会保障兜底扶贫的制度体系涉及社会救助、社会保险、社会福利三个重要内容。其中，社会救助是社会保障体系中的兜底制度，主要由政府财政承担贫困人口的基本生活保障责任，如最低生活保障制度、特困人员救助供养制度、临时救助制度、专项社会救助项目等。社会保险则是社会保障体系中的中间制度，对扶贫开发来说具有有效的责任分担作用，贫困人口在承担一定的缴费后，可享受高质量的医疗和养老等保险待遇，规避各种生活风险。社会福利是社会保障体系中的改善制度，可促进社会资源再分配，提高贫困人口生活质量，如贫困地区老年人福利制度、残疾人福利制度、妇女儿童福利制度等[1]。健全而规范的社会保障兜底扶贫制度，具备三方面的现实意义。一是通过针对性的制度设计，落实习近平总书记关于重庆市扶贫开发的重要指示精神，保护特殊贫困人口的生存权和发展权；二是通过各种扶贫主体的协同互动，在内容和方法上，丰富具有中国特色的贫困治理体系和社会保障体系；三是通过各种具体扶贫策略的实践，促进家庭幸福和维护基层社会的稳定，提高基层发展的活力，为乡村振兴和农村现代化奠定基础。

一、落实习近平总书记关于兜底扶贫工作的重要指示

兜底扶贫是习近平总书记扶贫开发战略思想的重要内容，是总书记高度重视、全力推进保障和改善民生工作的系统实践。习近平总书记非常重视和关心兜底扶贫工作，在许多会议中都做出了重要指示。2015 年 6 月，习近平总书记在部分省区市扶贫攻坚与"十三五"时期经济社会发展座谈会上的讲话中提出，精准扶贫，一定要精准施策，要坚持因人因地施策，各地要通过深入调查研究，尽快搞清楚现有贫困人口中，哪些是有劳动能

---

1. 朱薇：《社会保障兜底扶贫的作用机理》，《人民论坛》，2019 年第 7 期。

力、可以通过生产扶持和就业帮助实现脱贫的；哪些是居住在"一方水土养不起一方人"的地方、需要通过易地搬迁实现脱贫的；哪些是丧失了劳动能力、需要通过社会保障实施兜底扶贫的；哪些是因病致贫、需要实施医疗救助帮扶的。2015年11月，习近平总书记在中央扶贫开发工作会议上的讲话中指出，要统筹协调农村扶贫标准和农村低保标准，按照国家扶贫标准综合确定各地农村低保的最低标准，低保标准低的地区要逐步提高到国家扶贫标准，实现"两线合一"，发挥低保线兜底作用。还要加大其他形式的社会救助力度，对因灾等造成的临时贫困群众要及时给予救助，加强农村最低生活保障和城乡居民养老保险、五保供养等社会救助制度的统筹衔接。这些论述，从精准识别角度，为"社会保障兜底一批"指明了方向。

2015年11月，习近平总书记在中央扶贫开发工作会议上的讲话中提出，脱贫攻坚越到后期成本越高、难度越大、见效越慢。农村新的贫困人口还会出现，不少贫困户稳定脱贫能力差，因灾、因病、因学返贫情况时有发生。第一代农民工大多进入老龄阶段，其中有些人因常年在外打工积劳成疾，回到家乡后社会保障不给力，生活依旧十分困难。所以，要建立健全医疗保险和医疗救助制度，对因病致贫或返贫的群众给予及时有效救助。新型农村合作医疗和大病保险政策要对贫困人口倾斜，门诊统筹要率先覆盖所有贫困地区，财政对贫困人口参保的个人缴费部分要给予补贴。要加大医疗救助、临时救助、慈善救助等帮扶力度，把贫困人口全部纳入重特大疾病救助范围，保障贫困人口大病得到医治。要实施健康扶贫工程，加强贫困地区传染病、地方病、慢性病防治工作，全面实施贫困地区儿童营养改善、孕前优生健康免费检查等重大公共卫生项目，保障贫困人口享有基本医疗卫生服务。2016 年 8 月，习近平总书记在全国卫生与健康大会上的讲话中提出，患病是致贫返贫的重要原因。要深入实施健康扶贫工程，提高贫困地区医疗卫生服务能力，做到精确到户、精准到人、精准到病，通过加强人才培养、对口支援等形式提高当地卫生服务能力，保障贫困人口健康。这些论述，为兜底扶贫体系中"因病致贫"问题的解决提供了理论指引。

2015 年全国两会期间，习近平总书记指出扶贫必扶智，绝不能让贫困家庭孩子输在起跑线上，坚决阻止贫困代际传递，对残疾人等特殊群体要采取特殊帮扶政策。2015 年 10 月 16 日，习近平总书记出席减贫与发展高层论坛时指出，要开展大规模专项扶贫行动，针对特定人群组织实施妇女儿童、残疾人和少数民族发展规划。2015 年 11 月，习近平总书记在中央扶贫开发工作会议上的讲话中提出，要帮助贫困地区改善办学条件，加大支持乡村教师队伍建设力度，建立省级统筹乡村教师补充机制。要探索率先从建档立卡的贫困家庭学生开始实施普通高中教育免学（杂）费，落实中等职业教育免学（杂）费政策，实行大城市优质学校同贫困地区学校结对等帮扶政策。要对农村贫困家庭幼儿特别是留守儿童给予特殊关爱，探索建立贫困地区学前教育公共服务体系。2016年7月28日，习近平总书记在河北省唐山市考察时提出，中国有几千万残疾人，2020年全面建成小康社会，残疾人一个也不能少。为残疾人事业做更多事情，也是全面建成小康社会的一个重要方面。2017年11月，习近平总书记向2013—2022年亚太残疾人十年中期审查高级别政府间会议致贺信，指出残疾人是人类大家庭的平等成员。在全球范围内推进可持续发展，实现"一个都不能少"的目标，对残疾人要格外关心、格外关注。这些论述，为兜底扶贫体系中"因学致贫""因残致贫"问题的解决提供了理论指引。

2017年6月，习近平总书记在深度贫困地区脱贫攻坚座谈会上的讲话中提出，从总量上看，2016年底，全国农村贫困人口还有四千三百多万人。如期实现脱贫攻坚目标，平均每年需要减少贫困人口近一千一百万人，越往后脱贫成本越高、难度越大。从结构上看，现有贫困大都是自然条件差、经济基础弱、贫困程度深的地区和群众，是越来越难啃的硬骨头。在群体分布上，主要是残疾人、孤寡老人、长期患病者等"无业可扶、无力脱贫"的贫困人口以及部分教育文化水平低、缺乏技能的贫困群众。在脱贫目标上，实现不愁吃、不愁穿"两不愁"相对容易，实现保障义务教育、基本医疗、住房安全"三保障"难度较大。这些论述为深度贫困地区特殊贫困人口的减贫工作，提供了理论指导。

2016 年 1 月，习近平总书记视察重庆，对重庆工作提出了"一个目标""两点定位""四个扎实"的总体要求，并从八个方面对重庆工作提出了殷切期望。习总书记强调，重庆市要充分依托"一带一路"和长江经济带联接点的区位优势和资源优势，做好普惠性、基础性、兜底性的民生建设，以完成全面建成小康社会的总目标。2019 年 4 月，习近平总书记在重庆考察并主持召开解决"两不愁三保障"突出问题座谈会时强调，要从最困难的群体入手，从最突出的问题着眼，从最具体的工作抓起，全面解决好同老百姓生活息息相关的教育、就业、社保、医疗、住房、环保、社会治安等问题，集中全力做好普惠性、基础性、兜底性民生建设，不断增强人民群众获得感、幸福感、安全感。习近平总书记结合当前国内总体脱贫形势，分析了重庆市脱贫攻坚情况，提出了要继续高质量实施"五个一批"工程，提高脱贫质量，巩固脱贫成果。同时要防止返贫，适时组织对脱贫人口开展回访，对返贫人口和新发生贫困人口及时予以帮扶，探索建立稳定脱贫长效机制。

2019年4月，习近平总书记在重庆市石柱县中益乡考察时指出，"基本医保、大病保险、医疗救助是防止老百姓因病返贫的重要保障"。脱贫攻坚进入收官之际，"要把工作往深里做、往实里做，重点做好那些尚未脱贫或因病因伤返贫群众的工作，加快完善低保、医保、医疗救助等相关扶持和保障措施，用制度体系保障贫困群众真脱贫、稳脱贫"。他强调，到2020年稳定实现农村贫困人口不愁吃、不愁穿，义务教育、基本医疗、住房安全有保障，是贫困人口脱贫的基本要求和核心指标，直接关系攻坚战质量。总的看，"两不愁"基本解决了，"三保障"还存在不少薄弱环节。各地区各部门要高

石柱县中益乡华溪村新貌 郑彬 重庆市乡村振兴局供图

石柱县中益乡华溪村兜底扶贫宣传 调研组拍摄

度重视，统一思想，抓好落实。要摸清底数，聚焦突出问题，明确时间表、路线图，加大工作力度，拿出过硬举措和办法，确保如期完成任务。

重庆市作为我国中西部地区唯一的直辖市，区位优势突出，战略地位重要，需要利用好区位优势，开发区域特色，认真贯彻中央要求，努力发挥好枢纽作用，在长江经济带发展中发挥更大作用。要完成习总书记对重庆市"一个目标""两点定位""四个扎实"的要求，重庆市也需要重点做好兜底扶贫工作，关注民生需求，从解决群众最关心、最直接、最现实的问题入手，全面提高公共服务共建能力和共享水平，满足贫困人口多样化的民生需求，织就密实的民生保障网，促进社会的公平公正与社会的进步和谐。同时，开展兜底扶贫工作，也有利于改善干群关系，提高扶贫干部的治理能力，巩固党在农村的执政基础。

二、保护特定贫困人口的生存权和发展权

当前，满足弱势群体最低层次的物质和精神需求，关注弱势群体的利益保障已经成为文明社会发展中的正义内涵，体现了一个社会的公平价值观念，促进了社会的稳定。社会公平既强调政府提供服务的公正性，也强调对公众的积极回应和主体参与。兜底扶贫作为一项社会救助制度，其帮扶对象主要是指那些因年老或疾病丧失劳动能力而无法获得生活来源的人群。他们是脱贫工作的重中之重，是实现精准脱贫、全面建成小康社会的关键要素。这类群体合理需求的满足程度，一定程度上决定了脱贫攻坚质量的高低。科学合理的兜底扶贫制度安排，能够确保每个社会成员得到基本生存保障，并确保其获得更高质量的发展机会。

"十四五"时期，我国将进入新发展阶段，社会保障兜底面临着新的形势和挑战。一是兜底任务更为繁

重。我国已经消除绝对贫困，但低收入人口还将长期存在。2020 年全国共有 4400 多万低保对象、470 多万特困人员，其中 1936 万是农村建档立卡贫困人口，同时每年还有近千万城乡群众需要通过临时救助渡过生活难关。兜底保障是长期任务，在"十四五"时期仍须持续推进，且任务更重、责任更大。二是救助需求更加多样。全面建成小康社会后，人民群众对美好生活的要求必将不断提高，美好生活的内涵不断丰富，品质层次不断提高，呈现出多样化多方面的特点。同样，随着经济社会发展，困难群众对美好生活的向往和追求，对社会救助的期待，也必将激发出多样化的救助需求。个性化、差异化的救助服务，越来越成为困难群众的现实期盼。三是体系建设更显迫切。当前，社会救助领域仍然存在政策法规成效不高、救助政策衔接不畅、制度缺乏协调联动、救助资源统筹不够等问题，一定程度上制约了兜底保障作用的发挥[1]。

面对"十四五"时期社会救助事业面临的众多挑战，重庆市注重加快构建政府主导、社会参与、制度健全、政策衔接、兜底有力的综合救助格局，保护特殊贫困人口的生存权和发展权。一方面，扩大对贫困人口参保知

---

1. 刘喜堂：《以五中全会精神为指引切实兜住兜牢民生保障底线》，中国社会保障学会，2020 年 12 月 9 日。

识宣传，强化贫困人口的参保面拓展工作，全面实施全民参保登记计划。注重对贫困人口采取开发式帮扶，不仅对他们基本生活予以保障，更注重通过发展支持性产业、促进就业等方式提高他们的脱贫能力。注重妥善处理好外部帮扶与自身努力的关系，强化勤劳致富导向，培养贫困人口艰苦奋斗意识，进一步激发内生动力，提升自我发展能力。同时，兜底扶贫不仅仅是为特殊贫困人口提供了经济支持，更是提供了基本医疗支持和教育支持，多角度多方位地提高了重庆市的整体社会保障水平，对于促进重庆市经济社会发展具有积极效应。

另一方面，兜底扶贫需要从基本国情出发，从大多数群众最迫切、最基本的需要出发，划出一条社会公认的、能够满足保障对象最基本需求的"底线"。把"底线公平"作为社会保障制度建设的基本理念，其意义就在于明确了实现社会公平的基点，寻找出政府经济能力可以达到的公平，科学界定了社会保障的有限范围，从而能够成为社会稳定和发展的基石[1]。脱贫攻坚战的后期面临更大的挑战，如孤寡老人、长期患病者、残疾人以及文化水平偏低又缺乏就业技能的贫困人口，这部分人群的脱贫工作难度很大。重庆市注重依据"保基本、兜底

---

1. 邓大松、薛惠元：《社会保障如何补短板、兜底线》，《中国社会保障》，2013年第10期。

重庆市召开社会救助兜底脱贫工作推进会 重庆市乡村振兴局供图

线、促公平、可持续"的原则，充分应用社会保障的减贫功能，进一步发挥了社会保障兜底作用，增强了贫困人口脱贫的信心和希望，实实在在保护了贫困人口的生存权和发展权，促进了社会和谐发展。

三、促进家庭幸福，助推乡村振兴和农村现代化

为有效解决乡村发展的不平衡不充分问题，中共中央、国务院提出了《中共中央 国务院关于实施乡村振兴战略的意见》，意见指出，乡村振兴，摆脱贫困是前提，需要做好乡村振兴战略与精准脱贫攻坚战的有机衔接，建立健全城乡融合发展体制和政策体系。从近期目标来

看，乡村振兴首先要解决贫困地区、贫困人口的绝对贫困问题，增加贫困人口的收入，改善贫困乡村和贫困家庭的生活环境。从中期目标来看，在解决了绝对贫困问题之后，需要保证政策的延续性和发展性，有效解决因病因灾返贫等问题，并统筹协调城乡发展资源，缩小贫富差距，有效应对相对贫困。从远期目标看，要实现农村的内源式发展，也就是要提高农村人口的自我发展能力和内生动力，实现乡村自我治理能力的提升。要实现这一系列目标，就需要从治理理念、政策设计、资本动员、互助网络与农村人口内生动力培育等层面，提出契合乡村发展的路径，建构政府、企业、社会组织和农村人口在内的多元主体协同共治的乡村治理模式。兜底扶贫作为精准扶贫体系中的底线制度安排，可以通过各种扶贫主体的协同互动，坚持政府主导与社会参与相结合，形成防止返贫的工作合力。同时，通过各种社会保障策略的社区实践，解决特殊贫困人口的医疗、养老、教育、住房和就业等生活问题，促进家庭幸福，维护基层社会稳定，提高基层发展活力，缩小城乡差距，助推乡村振兴与农村现代化。

总之，作为保障贫困人口生存发展权利的"最后一张安全网"，兜底扶贫有着特殊的价值和意义。尤其在精准扶贫和乡村振兴有效衔接的关键时期，以"社会救助、社会保险和社会福利"为核心的社会保障制度在保障绝对贫困人口基本生活的同时，可以开展针对性、灵活性的社会救助和慈善互助活动，积极培育贫困人口的内生动力，以防止返贫，应对相对贫困，实现脱贫攻坚和乡村振兴的有效衔接。2015 年 11 月中央扶贫工作会议决定实施"五个一批"工程。其中，针对贫困人口中完全或部分丧失劳动能力的人，由社会保障来实现兜底扶贫，也就是我们熟知的"社会保障兜底一批"。2020年，全国共有 2004 万建档立卡贫困人口纳入低保或特困人员救助供养范围，通过兜底保障政策，将特殊贫困群体的收入提高到或者超过脱贫收入标准。脱贫攻坚以来，农村低保标准大幅提高，从 2015 年的 3177.6 元提高到2020 年三季度的 5841.7 元。从 2017 年底开始，全国各市县农村低保标准都达到或超过国家脱贫收入标准，实现了贫困人口"不愁吃、不愁穿"[1]，为巩固拓展脱贫攻坚成果奠定了坚实的基础。

重庆市作为"一带一路"和长江经济带重要联结点以及内陆开放高地，在脱贫攻坚事业中也取得了辉煌的成就，积累了丰富的减贫经验。尤其在兜底扶贫层面，书写了具有重庆特色的典型做法和脱贫故事。2019 年底重庆市贫困人口由 2014 年动态识别的 185.1 万减少到

---

1. 国新办举行脱贫攻坚兜底保障情况新闻发布会，国新网 2020 年11 月 23 日。

2.44万，贫困发生率降至0.12%；1919个贫困村全部出列。2020年2月22日，重庆市城口县、巫溪县、酉阳县、彭水县正式退出国家扶贫开发工作重点县序列。至此，重庆市14个国家扶贫开发工作重点区县和4个市级扶贫开发工作重点区县全部实现脱贫摘帽，为确保重庆市高质量全面完成脱贫攻坚任务奠定了坚实基础。在未脱贫和存在返贫风险的贫困人口之中，因病因残致贫的比例较高，脱贫成本高、难度较大，巩固脱贫成果任务重。针对剩余未脱贫的2.44万人中因病致贫占60.8%、因残致贫占14.03%，家庭人口中含有老年人、病人、残疾人

秀山县隘口镇农村新貌 李云成 重庆市乡村振兴局供图

黔江区金溪镇农村新貌 姚红 重庆市乡村振兴局供图

占总户数的 87.6% 的实际情况，重庆市制定了"增强版"的救助政策，加大医疗救助、低保兜底、就业扶持等力度。约 1.6 万名剩余贫困人口被纳入低保兜底和特困供养范围。2020 年共支出社会救助资金 8.2 亿元，发放价格临时补贴 4.23 亿元，其中发放贫困人口价格临时补贴 0.89 亿元。从 2020 年 9 月起，农村低保标准由每人每月 440 元提高到 496 元，增幅为 12.73%；城乡低保差距缩小到 1：0.8，农村低保标准持续高于贫困线[1]。同时，重庆市投入 2.2 亿元，创新推行"三保联动"，为所有贫困人口购买"精准脱贫保"，为深度贫困乡镇贫困户量身定制"产业扶贫保"，为农村边缘人口打捆购买"防贫返贫保"，构筑了防致贫返贫保障机制，贫困人口的获得感明显增强。

---

1. 《2020 年·重庆脱贫攻坚大数据》，https://www.cqrb.cn/content/2020-10/18/content_279528.htm，重庆日报网 2020 年 10 月 18 日。

重庆市兜底扶贫的理论依据

构建完善的社会保护网，是应对贫困的主要举措之一。社会保护着眼于改善贫困群体的脆弱性，规避贫困群体的生活风险，来实现发展的包容性、开放性和可持续性。社会保护的底线要求是国家应建立一套规范的社会保障制度，使社会成员在生命周期的任何时候，既可获得现金或实物方面最低限度的收入保障，又可享受最基本的服务[1]。从这个层面来看，作为一项保民生、促公平、托底线、救危难、可持续的基础性制度安排，在其他政策无法发挥作用时，兜底救助是兜住贫困人口基本生活保障底线的一道"安全网"，能够确保贫困人口的基本生活得到有效保障。2020年后

---

1. 张亚玲、郭忠兴：《适应性治理与整体性协同：对江苏兜底保障探索的理论诠释》，《农林经济管理学报》，2020年第4期。

在现行标准下实现贫困群体的全部脱贫，并非代表贫困问题的终结。受贫困人口生计的脆弱性、外部社会风险的不可预测性、政府单一主体帮扶的有限性以及贫困标准的变更等因素的综合影响，我国的脱贫攻坚成果依然需要巩固提升。这就需要集多主体之力，将具有中国特色的社会救助体系与贫困治理理念有机相结合，创新物质帮扶、精神慰藉和社区公共服务方式，不断提高贫困人口的生活质量。

一、理念：中国特色社会救助体系在减贫领域的实践应用

从兜底扶贫的实施理念来看，兜底扶贫是中国特色社会救助体系在减贫领域中的实践应用。社会救助是指当社会成员陷入生存危机或不能维持最低限度的生活水平时，由国家和社会依照法定程序和标准，向其提供满足最低生活需要的物质和其他援助的一项社会保障制度。它是最低层次的社会安全机制，可以维护贫困人口基本的生存权利，规避因为政策原因造成的社会排斥，实现社会保障的最低目标。社会救助政策体系包含以常态性贫困为对象的最低生活保障制度和以贫困风险为对象的临时救助两个板块，以及基本物质需求保障和发展

资源供给两个维度的结构体系[1]。

所谓具有中国特色的社会救助体系，从根本上说，就是依据中国国情，运用各种行之有效的救助手段，对贫困对象进行针对性救助的各项制度、设施和行为的总和[2]。该体系既需要从中国的实际出发，全面系统地继承与发展中国传统的社会救助办法与措施。同时，也要根据新的历史条件，着眼于特殊困难群体和弱势群体的特殊问题，降低贫困群体的生活脆弱性，提升救助服务的针对性。我国的社会救助制度整体上反映了一种社会财富的分配关系，而且主要是在再分配的层次上完成的。其目的是为了缓解贫困，区分为普通救助和紧急救助（或长期救助和临时救助），其义务主体是国家和社会，其权利主体是全体公民，其包含了最低生活保障、特困人员供养、受灾人员救助、医疗救助、教育救助、住房救助、就业救助等多维内容。尤其是对自身无力脱贫，以及无业可扶的贫困人口来说，由社会救助来实施行之有效的兜底保障，做到解决绝对贫困路上不落一人，是我国社会主义制度优越性的充分体现。

从 2012 年末到 2020 年底，我国如期完成新时代脱

---

1. 贾玉娇、宋昊：《社会主要矛盾转换与社会救助"兜底"的变迁、张力与因应》，《西北大学学报（哲学社会科学版）》，2020 年第 4 期。
2. 多吉才让：《努力构筑具有中国特色的社会救助体系》，《中国民政》，2001 年第 8 期。

贫攻坚任务，现行标准下 9899 万农村贫困人口全部脱贫，832 个贫困县全部摘帽，12.8 万个贫困村全部出列。大规模的人口脱贫为我国全面迈入小康社会奠定了重要的基础，我国扶贫工作取得的极大成效与较为健全的社会救助体系密不可分。兜底保障正是具有中国特色的社会救助体系的有机组成部分，在统筹社会救助资源、切实维护并实现困难群体的基本权利等方面发挥着重要的和不可替代的作用。兜底保障主要是针对特殊贫困人口，从完善农村低保和统筹社会资源，完善医疗、教育、住房、就业等方面，来巩固社会保障安全网，解决好特殊困难群体和弱势群体的贫困问题。

具体而言，一方面要完善农村最低生活保障制度，

秀山县农村健康扶贫宣传 调研组拍摄

彭水县社保工作人员为贫困人员办理参保登记 重庆市人社局供图

这是社会救助体系的基础和核心，更是保障特殊困难群众基本生活的重大任务。符合农村低保条件的贫困家庭全部纳入农村低保范围，促进农村低保与其他脱贫攻坚政策的有效衔接，确保农村低保标准能够逐步达到或超过国家扶贫标准，以实现"应保尽保"。同时，大力弘扬艰苦奋斗、顽强拼搏的精神，引导有劳动能力的低保对象依靠自身的努力实现脱贫致富，激发脱贫动力，提升其发展的自主性、参与性和持续性。另一方面，要统筹社会救助资源，构建多层次的社会救助体系，满足贫困人口的医疗、教育、住房和就业等需求。健全特困人员救助的供养制度，为救助对象提供差异化的救助，着力解决特殊困难群众和弱势群体的特殊生活困难。当然，在此过程中，也要注重调整资源配置，切实提高特困人员的服务质量意识和服务发展水平，以实现社会公平。

二、内容：物质帮扶、精神慰藉和社区服务的有机结合

从兜底扶贫的内容来看，其基本内容是在解决贫困人口物质收入短缺的基础上，满足贫困人口健康、就业、教育、医疗、住房、文化等多维度需求，是包含物质帮扶、精神慰藉和社区服务的统一体。从需求层次来讲，贫困人口的需求可大致分为生存需求、享受需求和发展需求，不同贫困人口需求的广度、深度存在差异性。城乡区域发展不平衡、结构性失业、教育资源不均衡、老龄化等问题，也导致贫困人口需求的多元性和复杂性并存。所以，新时期的社会兜底政策不能"一兜了之"，而是需要从消极救助向积极救助转型，在满足贫困人口基本物质需求的基础之上，丰富贫困人口的可持续生计框架，提高贫困人口向上发展的能力，实现贫困人口的全面发展。

对贫困而言，人们会有一个基本共识，认为贫困是同苦难和不安全感紧密联系在一起的，是一种自我感知和外部建构的集合体。要打破这种不安全感，就需要改变单维度的物质帮扶，通过健康、精神、文化、教育等

多维度的帮扶，让贫困人口参与到各类减贫项目的全过程，充实其内部发展能力和外部社会资本网络。同时，多维度的兜底扶贫内容，应该是共生共存的，不可偏废其一。以牺牲健康、生态和文化等为代价的减贫终究是不持久的，是缺少稳定性的，无法应对各种突发性的社会风险。为满足贫困人口的物质和精神等多元需求，重庆市政府既注重持续提高城乡低保和特困救助标准，改善贫困人口的物质生活状况。也注重通过医疗救助、教育救助、住房救助、心理疏导、精神抚慰和社区养老服务等方式，扩充贫困人口的社会资本，改善家庭和社区生活环境，提升贫困人口的整体发展效能。

比如，为有效应对农村老龄化，解决农村贫困老年人的养老问题，重庆市提高了贫困地区的养老保险水平，提升了对患病老年人的救助质量，并通过集中养老、互助养老等方式，改善了农村老年人的生活环境和精神世界。对农村贫困人口中的留守儿童、留守妇女和留守老人，注重完善留守人员关爱服务体系，通过社会政策设计和社区服务活动，加强了对留守人员的物质帮扶、生活救助、精神慰藉和心理疏导，改善了他们的生活质量。对农村的贫困残疾人，重庆市在将残疾人普遍纳入社会保障体系予以保障和扶持的基础之上，注重支持发展残疾人康复、托养和特殊教育，实施残疾人重点康复项目，完善落实困难残疾人生活补贴和重度残疾人

石柱县巾帼脱贫技能培训 石柱县妇联供图

护理补贴制度，深入开展贫困残疾人照护服务工作，确保"应补尽补、按标施补"。

除了物质帮扶以及精神慰藉，兜底扶贫内容还包括通过社区公共服务，以满足特殊困难群体的多样化和差异化需求，切实解决困难群体的问题。社区公共服务指以社区为活动场域，政府和其他公共组织为满足社区居民多样化和个性化需求，提供的在使用或消费上具有非排他性和非竞争性的产品或劳务，它的供给数量、种类和机制是测量社区居民生活水平和幸福指数的重要指

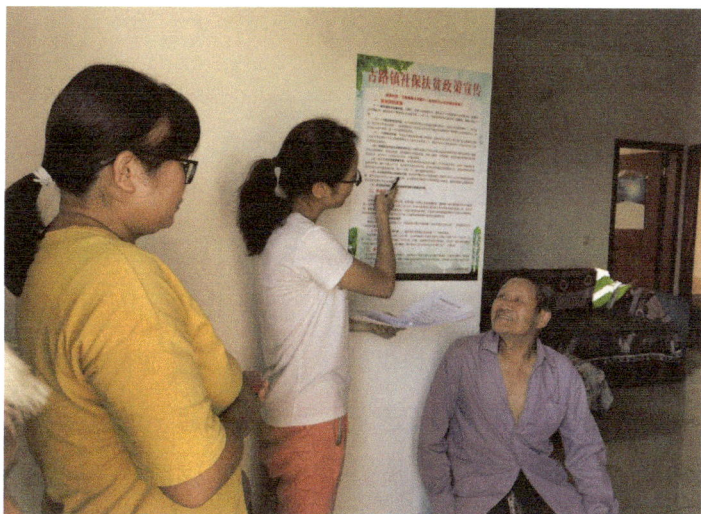

渝北区古路镇社保工作人员入户讲解社保扶贫政策 重庆市人社局供图

标[1]。兜底扶贫体系中的社区公共服务，特指针对贫困人口，由政府和社会组织提供的各种具备专业性和针对性的社区服务设施和服务活动，通过各类精细化的社区服务，能够满足困难群体的个性化需求，也能够更好地减少社区矛盾，推动社区治理。总之，做好"物质帮扶、精神慰藉和社区公共服务"三者的联结工作，可以创新兜底扶贫工作的服务内容，拓宽服务方式和开拓服务视野，切实提高服务效益。

---

1. 孔娜娜：《社区公共服务碎片化的整体性治理》，《华中师范大学学报（人文社会科学版）》，2014 年第 5 期。

三、方式：外部扶助主体和社区互助力量的共识合作

现代化的贫困治理，是指在公共治理乃至国家治理法律法规政策框架下，基于福利资源总量有限的前提下，由包括"家庭、工作单位、社会组织、市场组织和政府组织"等多元福利供给主体承担起资源配置责任，并试图在各责任主体间建立一种良性融通、优势互补的伙伴关系，以最大限度地为贫困人口提供适度性的经济保障、服务保障和精神保障等社会保障。它是集法律规范、管理理念、体制机制、行动策略和实践方式的总和[1]。从贫困治理的内涵来看，兜底扶贫既遵循以政府为主体的自上而下的常规救助模式，也强调以基层社区和社区居民为主体的自下而上的社区互助模式，二者有机结合，相互促进。

目前，对特殊贫困人口进行兜底扶贫的主体，主要包括政府部门、企业和社会组织。其中，政府发挥主导作用，企业和社会组织则是助推社会救助兜底工作深入开展的重要载体，它们的参与能够更好地汇聚救助资源，提升救助质量，确保兜底扶贫的长效性。重庆市在

---

1. 徐进：《中国福利治理的理论认知：概念界定与理念取向》，《安徽行政学院学报》，2019年第5期。

兜底扶贫中，注重整合社会资源广泛参与，激发社会组织和社区内自组织的参与动力，促进各个组织之间的信息共享，共同合作。不同类型的组织在兜底扶贫中发挥着自己的优势，在贫困人口医疗救助、养老服务、儿童关爱和残疾人康复等领域中，提供了必要的资金、人才和项目支持，形成了有效的沟通对接及监督机制，为困难群体提供了强有力的支撑。

从内外结合、协同互助的兜底扶贫理念来看，贫困个体的无力感有一部分是由于环境的挤压而产生的，也是由于他们长期缺乏参与机会所导致。所以，贫困群体的自信心的提升和能力的提高，也需要通过社区团体成

社会组织为儿童发放温暖包 石柱县团委供图

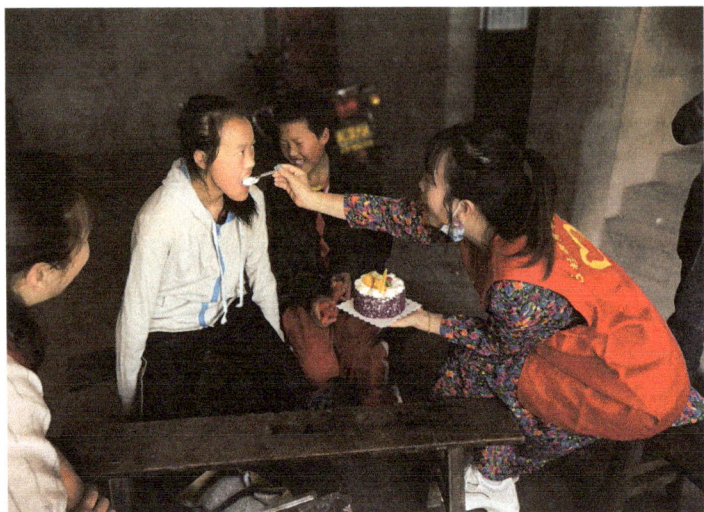

志愿者关爱残疾儿童 石柱县团委供图

员的互助合作，需要发挥社会力量在解决个体问题中的功能与作用，构建社会支持网络，来抵御社会风险。贫困人口大多是因病因残、因天灾人祸致贫返贫，本身心理创伤就比较大，如果邻里之间再冷眼旁观、闲言碎语，往往会加重贫困户心理负担，造成一蹶不振。为了避免这种现象，重庆市积极推行邻里关爱、慈善互助等扶贫模式，以点带面，形成一人有难众人帮、一家贫困大家扶的良好局面。

重庆市在兜底扶贫中，注重搭建邻里互助体系，积极引导社区群众互助共济、共同发展。加强人文关怀，为贫困农村留守老人、妇女、儿童和特殊困难家庭开展慈善资助、支教助学、心理疏导、危机干预等志愿服务，积极引导激励贫困人口缓解精神压力，努力提高群众的获得感和幸福感；开展经常性的健康卫生防病知识的宣传普及、健康义诊，防止和解决小病拖成大病、因病返贫等问题，持续保障群众身体健康，全面防止困难群众因病导致的精神懈怠、心理负担、悲观厌世和发展动力不足等不良情绪，提升了兜底扶贫质量。

渝北区探索"3+1"社会救助模式，决战决胜脱贫攻坚[1]

为有效帮扶困难群体、特殊群体，渝北区民政局坚持将社会救助兜底脱贫作为推进脱贫攻坚的重要抓手，按照"3+1"模式（"3"即综合运用低保、特困供养、临时救助等政策；"1"即积极动员社会组织、社会力量参与扶贫攻坚）精准落实各项社会救助政策，扎实推进脱贫攻坚任务落实。

---

1. 资料来源：《渝北区探索"3+1"社会救助模式，决战决胜脱贫攻坚》，渝北区民政局 2020 年 12 月 10 日。

一、为困难群众送出暖心大礼包

"实在太感谢了，假如没有这4万元救助金，真不知道日子该咋过。"患有鼻咽恶性肿瘤、淋巴结继发恶性肿瘤、肝继发恶性肿瘤等多种疾病的文学红，躺在病床上向前来慰问他的宝圣湖街道的工作人员连声致谢。47岁的文学红，治病花去医疗费用共计122551元，家人向宝圣南路社区申请救助。街道和社区工作人员入户了解，根据低保认定办法，将文学红本人单独纳入低保，同时为其办理了临时救助。

"文学红属于支出大于收入的民政建档家庭中的重病患者，这种情况可纳入民政部门建档特殊困难人员，并分户出来享受低保，再依据政策享受临时救助。"渝北区民政局救助科负责人表示，这是渝北区民政局落实重点救助对象"分类施保"政策，向全区困难群众送上的"社会救助大礼包"。"大礼包"由低保、特困供养、临时救助等3个救助礼包组成。

据了解，为降低享受大礼包的救助门槛，2020年渝北区将建档立卡贫困户（含2015年以来的脱贫户）由之前的C类救助对象调整为B类救助对象。目前，临时救助已审批875人，发放临时救助金619.05万元。除降低门槛外，渝北区向上万名困难群众及时足额发放特困供养、临时救助等救助金，2020年已发放城乡低保金5190.74万元，供养金3445.62万元，护理补贴163.14万元。

二、向特殊群体提供多样化扶贫

"渝北区的救助范围不局限于兜底保障，而是由'兜底型救助'向'发展型救助'转变，面向残疾人、老年人、儿童等特殊群体提供产业帮扶、养老、成长陪伴、教育资助等救助服务。"渝北区民政局相关负责人称。

西新村村民罗胜银是统景镇西新村和区民政局的帮扶对象之一。多年前，罗胜银因为事故成为四级残疾，母亲患有高血压，两个女儿都在读书，夫妻俩的务工收入低，生活维艰。在渝北区民政局、统景镇政府、村委会的帮扶下，他家申办成建档立卡贫困户，申请到政策补贴用于危房改造，为其女儿争取了1万余元高等教育、义务教育助学金，1000余元的医疗费报销。同时，积极开展消费扶贫，帮助罗胜银家售卖李子、土鸡、鸡蛋等农产品。

去年，渝北区民政局还专门拨付58万元扶贫资金，支持西新村安装天然气管道，罗胜银家也用上了天然气，生活条件得到极大改善。如今，大女儿大学毕业当上了老师，罗胜银还养殖了 2000 余条草鱼、鲫鱼、花鲢，今年底上市销售，预计可增收 5000 余元。

针对残疾人，渝北区除提供多样化扶贫外，还按现行残疾人"两项补贴"标准，给予贫困残疾人生活补贴 70 元 /（人·月），重度一级残疾人生活补贴 100 元 /（人·月），重度二级残疾人生活补贴 83.34 元 /（人·月）。截至 10 月底，全区享受残疾人贫困生活补贴对象为 3472 名，累计发放残疾人贫困生活补贴资金 247.84 万元。全区享受重度残疾人护理补贴对象 6558 名，累计发放重度护理补贴资金 578.04 万元。

三、动员和支持社会力量参与扶贫

仅仅 4 天时间，西新村贫困户收到采摘枇杷订单 5 份，配送订单 15 份，卖出近 1000 斤枇杷，16 户贫困户创收 4000 余元……几个月前，渝北区红领巾社工当起消费扶贫推销员，为 16 家贫困户制定销售方案，通过微信公众号和抖音为他们"售卖"农产品，将水果销往渝北区、江北区、两江新区等地。据介绍，为帮扶困难群众脱贫，渝北区民政局引入社工专业机构在统景、木耳等镇7个农村社区开展社工扶贫服务，联合志愿者对三留守、低保户等困难群众，提供一对一日常生活照料、社会支援等服务共计25000余人次。

此外，渝北区民政局积极引导全区550家社会组织，采用"社会扶贫"APP软件、社会组织扶贫QQ群等"互联网+"模式参与扶贫活动。截至2020年10月底，全区社会组织累计开展各类扶贫活动118次、宣传活动82次，发放各类物资资金及消费扶贫共计157.69万元，帮扶救助5362人次。为形成推进脱贫攻

渝北区民政局积极引入社会力量开展扶贫送温暖活动
重庆市民政局供图

民政局召开民政系统脱贫攻坚兜底保障工作会议 重庆市民政局供图

坚的强大合力，渝北区民政局还发挥公益慈善组织力量，指导区慈善会广集善款，开展各类爱心帮扶公益活动。2020年，渝北区慈善会救助支出共计185万余元，救助7062人次。

第二章·重庆市兜底扶贫的制度安排与多维内容

兜底扶贫是具有中国特色的一种贫困治理模式，它充分依托了我国的制度优势和组织优势，聚焦特殊及深度贫困人口，将贫困社区外部的物质资源和人力资源，有效输入到贫困社区及贫困家庭内部，使不同的减贫主体在减贫实践中不断融合互动，最终改善贫困人口的生活环境，提升贫困人口的生活质量。兜底扶贫是一个古老又时兴的问题。说它古老，是因为自古以来，总会有一部分社会成员因为各种原因生活陷入困境，需要个人及家庭以外的力量提供援助才能避免生存危机，例如中国历代统治者均实施过救灾救荒的措施。说它时兴，是因为现代社会保障兜底扶贫，首先是作为一种社会制度安排而存在的，是经济运行和社会发展所必需的外部条件，是现代社会文明的标志，是现代人的基本需求及政府的基本政策。它是为保障民生以及促进社会进步，由国家和社会以立法为依据出面举办，由政府机关和社会团体组织实施，对因各种经济和社会风险事故而陷入困境的人群以及有物质和精神需求的全体公民提供的、福利性的物质援助和专业服务的制度和事业的总称。

在脱贫攻坚战过程中，重庆市始终把2020年全面建成小康作为最终目标，同步管理、分类施策。对已脱贫户家庭收入状况、生产生活情况进行动态监测，定期回访，跟进措施，防止反弹；对未脱贫户精准施策、对标补短，确保如期脱贫；对因自然灾害、意外事故等原因造成家庭困难的和"疯孤散残"的个别农户，采取兜底保障这一有效措施，给予重点扶持。同时，重庆市持续落实医疗卫生、教育扶智、危房改造、低保兜底等惠民政策，尽力杜绝因病、因灾、因学返贫；对留守妇女、儿童、老人和"五保""重度残疾"等特殊群体，建立清单，实行特殊人群，特殊关爱，为全面建成小康社会奠定了坚实的基础。

重庆市兜底扶贫制度安排的基本定位

重庆市的兜底扶贫注重以低保救助、医疗救助和教育救助等为核心内容，从多元协同的大扶贫格局出发，聚焦解决社区问题和满足村民的多元需求，创新实施了"渐退制度、分户制度、调标制度和专项制度"，实现了理论导向和实践导向的双重结合。

一、主体层面：大扶贫格局下的兜底扶贫

多方力量、多种举措有机结合、互为支撑、共同推进的大扶贫格局，是我国扶贫开发的优势之一。国家安排专门扶贫投入，各级扶贫部门负责组织实施的专项扶贫，运用各行业部门所能配置的公共资源进行的行业扶贫，动员社会各界力量帮助贫困人口改善生存与发展环

境条件，发展社会公益事业的社会扶贫，几方一起构成了我国大扶贫的基本格局。重庆市的兜底扶贫制度也正是依托大扶贫格局的理念，进行不断调整优化的。在政府内部不同组织的联动方面，重庆市一是注重协调扶贫、民政、人力资源和社会保障、医疗保障、残联、妇联、团委等多部门联合开展社会保障兜底扶贫工作，构建联动工作机制，开展协同帮扶。二是注重加强信息平台建设，实现贫困人口的社会保障信息与扶贫开发信息共建共享，互联互通，以便于进行兜底扶贫数据的监测与更新。三是注重发挥东西部协作扶贫的优势，吸收东部地区在兜底扶贫中的经验和资源，不断优化重庆市的兜底扶贫制度设计。最后，注重优化农村低保制度与扶

东西部协作消费扶贫体验中心 石柱县团委供图

大足区社会组织开展儿童关爱服务 郑彬 重庆市乡村振兴局供图

贫开发政策衔接，调整救助标准，以提升两项制度的减贫效能。

　　在政府与其他组织协同互动层面，重庆市一是注重推进社会组织及各类志愿者的积极参与，借鉴吸收社会组织的专业资源和专业技巧，拓展社会保障兜底扶贫的形式和内容。注重完善社会组织参与扶贫开发的相关规章制度，加大对社会组织、志愿者参与兜底扶贫的宣传，并做好相关的参与指导和服务工作，提高社会组织参与精准扶贫的专业化、规范化水平。二是注重优化社会保障筹资机制，扩大兜底扶贫的资金来源。尤其是注重创新思路，激发市场主体参与兜底扶贫的活力，促使兜底救助资金来源多元化。三是注重健全和优化社会保障兜底扶贫的考核指标体系，积极引入第三方评估机构，提高兜底扶贫的精细化管理水平。

二、客体层面：贴近居民需求的兜底扶贫

兜底扶贫政策的客体，主要针对无法依靠产业扶持和就业帮助脱贫的家庭和个人，尤其是对患有重病、重残、无劳动能力的对象要按照程序，优先认定其为兜底保障对象，实施兜底保障工作。作为脱贫攻坚"五个一批"的重要举措，兜底保障担负着脱贫攻坚的底线任务，是解决贫中之贫、困中之困的最后防线，是全面小康的

石柱县中益乡就业扶贫政策宣传 调研组拍摄

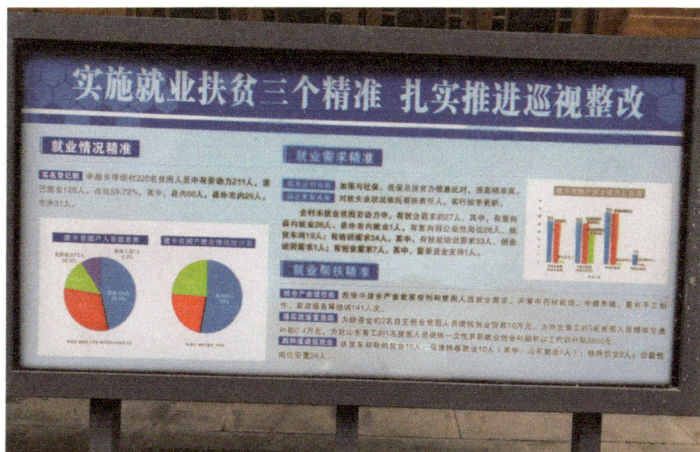

石柱县壹秋棠就业扶贫车间为贫困妇女提供就业岗位 调研组拍摄

璧山区七塘镇社区医生为村民服务 吴德全 重庆市乡村振兴局供图

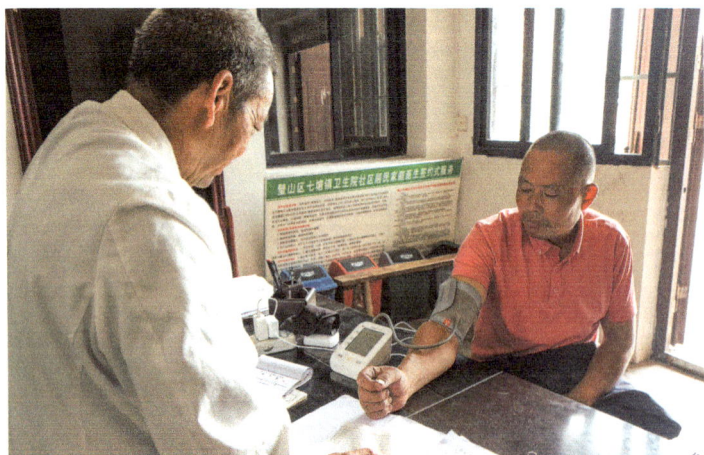

托底安排。在兜底扶贫的服务对象之中，重病与慢性病患者、留守儿童、妇女、老人和残疾人所占比例较高、需求多样，对他们的帮扶救助和关爱服务工作更加重要。重病与慢性病患者因长时间患病，其身体、心理和家庭关系承受着多重复合压力，面临的返贫风险较大，不利于其长远发展；留守儿童因缺乏亲情关爱与有效监护，容易出现心理健康问题、遭受意外伤害；贫困妇女生产和家务负担较重，心理压力大，人身安全与合法权益难以得到保障；农村老年人养老需求、残疾人生活照料需求比较迫切，需要给予特殊的关注和支持。

重庆市针对患病贫困人口，注重实施健康扶贫工程，通过大病集中救治一批、慢病签约服务管理一批和

为留守儿童送温暖 石柱县妇联供图

重病兜底保障一批，采取分类分批救治，保障贫困人口享有基本医疗卫生服务。针对留守儿童，注重建立留守儿童关爱服务体系，完善家庭、学校和社会的儿童救助和帮扶机制，明确基层政府部门定期走访、排查留守儿童基本情况，建立信息台账，实施动态管理。针对贫困妇女，注重根据贫困妇女发展需求，开展针对性的种养殖、家政服务、手工编织和农村电商等培训项目，提高贫困妇女的发展能力。针对留守老人和残疾人，在做好医疗救助和康养服务的基础上，注重依托基层党组织、村民自治组织、老年人和残疾人互助协会等组织，开展多方参与、形式多样的救助活动。

三、内容层面：以社会救助为核心的多层次兜底扶贫

贫困地区社会保障兜底扶贫是开放动态的系统。以政府为主的参与主体通过加强社会保障与扶贫开发的衔接整合，从多渠道筹集贫困地区社会保障兜底扶贫所需资金，并精准识别贫困地区社会保障对象，利用社会救助、社会保险和社会福利三大制度，以不同路径和不同方式向贫困人口或贫困家庭提供现金、实物或服务等援助，帮助贫困地区社会保障对象摆脱贫困，提升贫困人口和贫困家庭的生存发展能力。在这一过程中，动态监督

管理不断反馈变化的社会保障兜底扶贫状况，并进行适时调整，确保贫困地区社会保障兜底扶贫作用充分发挥。

在社会救助层面，重庆市注重将最低生活保障制度、临时救助制度、灾害救助制度、专项救助制度等结合起来，统筹考虑，协同推进。一方面，坚持"应保尽保、公平公正、动态管理、统筹兼顾"的基本原则，合理确定农村最低生活保障标准和对象范围，完善最低生活保障对象认定条件，规范最低生活保障审批审核程序，筹集农村最低生活保障资金，健全最低生活保障动态管理和监管机制。同时，加强组织领导，落实管理责任以确保农村最低生活保障制度实施。另一方面，对遭

石柱县团委开展阳光助残活动 石柱县团委供图

黔江区小南海镇卫生院为老年人健康体检 詹江 重庆市乡村振兴局供图

遇突发事件、意外伤害、重大疾病或其他特殊原因导致基本生活陷入困境，其他社会救助制度暂时无法覆盖或救助之后，基本生活暂时仍有严重困难的家庭或个人给予应急性和过渡性救助。

在社会保险方面，重庆市注重健全城乡居民医疗和养老服务保险，提高医疗报销比例和养老金水平，推动城乡社会保险协调发展。紧紧围绕让农村贫困人口"看得起病、看得好病、看得上病、少生病"的工作重点，进一步加强统筹协调，加快建立基本医疗保险、大病保险、医疗救助、疾病应急救助、商业健康保险等制度的衔接机制，发挥协同互补作用，形成保障合力，努力防止农村贫困人口因病致贫、因病返贫。同时，增加农村公共卫生财政投入，改善医疗卫生基础设施，推进贫困地区县级医院、乡镇卫生院、村卫生室标准化建设，完善县乡村一体化的医疗卫生服务体系，平衡医疗供需，提高了医疗救助和保障水平。在社会福利层面，重庆市注重健全包括老年人福利、残疾人福利和妇女儿童福利制度在内的多元福利体系。通过各种福利体系的建设，改善了老年人、残疾人、妇女儿童的生活、健康以及参与社会发展的条件，提高了福利水平。

四、方式层面：制度化、规范化的兜底扶贫

在兜底扶贫的方式定位层面，重庆市通过完善"渐退制度、分户制度、调标制度和专项制度"，搭建了制度化、规范化的兜底扶贫运行机制。一是完善兜底"渐退制度"。筑牢基本生活保障底线，确保兜好底。按照国务院办公厅转发《民政部等部门关于做好农村最低生活保障制度与扶贫开发政策有效衔接的指导意见》精神，重庆市积极加强农村低保制度与扶贫开发政策在对象、标准、管理方面的有效衔接，对符合低保条件的农村贫困人口实行政策性保障兜底。同时，进一步建立了低保渐退制度，对纳入农村低保的建档立卡贫困人口，因家庭收入发生变化，家庭月人均收入超过低保标准但低于 2 倍低保标准的，给予 6 个月的渐

退期。截至 2019 年 11 月底，全市低保兜底保障 23.05 万人，占全市农村低保总人数的 40.1%，累计支出低保金 9.1 亿元。对 14019 名家庭收入超过低保标准的兜底保障贫困人口实施了渐退。

二是完善兜底"分户制度"。筑牢重点群体保障防线，确保兜牢底。按照民政部、财政部、国务院扶贫办《关于在脱贫攻坚三年行动中切实做好社会救助兜底保障工作的实施意见》的精神，重庆市针对未脱贫建档立卡贫困户中靠家庭供养的重度残疾人、重病患者等完全丧失劳动能力和部分丧失劳动能力的贫困人口，在脱贫攻坚期内，专门实行单人户纳入低保保障政策，加大重病、重残等符合条件贫困人口兜底保障，切实解决了重病、重残等符合条件的贫困人口基本生活。截至 2019 年 11 月底，全市分户保障 4924 名未脱贫建档立卡贫困户中重残、重病贫困人口。

三是完善兜底"调标制度"。筑牢基本生活标准增长线，确保兜住底。为保障困难群众生活水平与全市经济社会发展水平同步提升，重庆市建立了社会救助标准自然增长机制。2019 年，经市委、市政府同意，市民政局会同市财政局根据上年度城乡居民人均消费支出增长幅度同步调整了最低生活保障标准。2019 年，重庆市农村低保标准达到每人每月 440 元 [5280 元／（人·年）]，高于扶贫标准 1530 元，切实保障了贫困人口基本生活问题。在此基础上，重庆市还建立了社会救助和保障标准与物价上涨挂钩联动机制，2019 年 4—11 月连续 8 个月启动联动机制，对城乡低保对象、特困人员发放物价临时补贴，确保困难群众基本生活不因物价上涨而降低。

四是完善兜底"专项制度"。筑牢各类专项救助统筹线，确保兜密底。通过统筹协调相关职能部门各类专项救助政策，切实缓解困难群众医疗、住房、教育等困难问题。因病致贫的低保兜底对象纳入资助参保、住院救助、大病救助、扶贫济困医疗基金等医疗救助政策；因学致贫的低保兜底对象纳入学费减免、住宿费减免、免费教科书、助学贷款等教育救助政策；因住房困难返贫的低保兜底对象纳入危旧房改造等住房救助政策。对遭遇突发事件、意外伤害、重大疾病等导致基本生活陷入困境，其他社会救助制度暂时无法覆盖，或者救助之后基本生活暂时仍有严重困难的返贫对象，给予临时救助，及时保障好贫困人口基本生活，切实发挥临时救助在脱贫攻坚兜底保障中的作用 [1]。

---

1. 资料来源：重庆市民政局工作总结《重庆市完善制度兜牢底线切实保障贫困人口基本生活》。

重庆市兜底扶贫制度安排的多维内容

在兜底扶贫制度设计的具体内容层面，重庆市注重从精准识别、保障标准和动态管理三个层面去构建系统化、整体化的扶贫制度体系。首先，明确哪些贫困人口可以纳入兜底扶贫的制度体系，并从政策层面厘清精准兜底的识别标准；其次，对纳入兜底扶贫的贫困人口，进行分类式兜底，明确不同贫困人口的救助标准和救助方式；最后，对兜底扶贫的对象及扶助内容，进行动态式管理，以确保兜底扶贫的时效性及管理制度的公平公正。

一、精准识别层面的相关制度

兜底扶贫的首要目标是把真正的贫困人口精准识别

出来，做到"扶真贫、真扶贫"。所谓精准识别，就是按照统一标准，通过规范的流程和方法，找出真正的贫困村、贫困户，了解贫困状况，分析致贫原因，摸清帮扶需要。重庆市兜底保障对象的认定，主要遵循以下标准。一是主要成员完全或部分丧失劳动能力的家庭（即纳入农村低保一、二类对象的家庭）；二是无法依靠产业扶持和就业帮助脱贫的家庭；三是因病因学造成刚性大额支出且符合农村低保一、二类对象条件的困难家庭；四是农村特困救助供养人员；五是困难家庭供养的成年无业重度残疾人。

重庆市在《关于打赢打好脱贫攻坚战三年行动的实施意见》中提出要完善农村低保制度，健全低保对象认定方法，将符合条件的完全丧失劳动能力和部分丧失劳动能力且无法依靠产业就业帮扶脱贫的贫困人口纳入低保范围。《关于在脱贫攻坚工作中切实做好社会救助兜底保障工作的通知》中提出，要进一步完善农村低保家庭经济状况核查机制，结合支出型贫困家庭救助政策，细化核算范围和计算方法，对于家庭成员因残疾、因就学、患重病等增加的刚性支出、必要的就业成本等，在核算家庭收入时可适当扣减。凡家庭人均收入低于农村低保标准且财产状况符合当地规定的未脱贫建档立卡贫困户，按照低保申请审批程序纳入低保保障范围，按家庭人均收入低于低保标准的差额确定低保金。脱贫攻坚

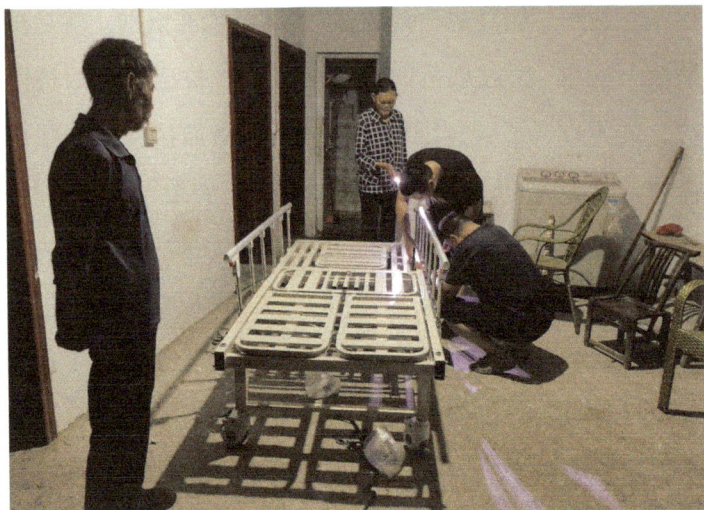

为残疾人口发放生活辅助器具 石柱县残联供图

期内，对未脱贫建档立卡贫困户中靠家庭供养且无法单独立户的重度残疾人、重病患者等完全或部分丧失劳动能力的贫困人口（不含整户纳入低保范围的贫困人口），经个人申请，可与共同生活的家庭成员分户计算，符合低保保障条件的，纳入农村低保范围。

为有效巩固脱贫攻坚成果，2020年《重庆市脱贫攻坚总攻"十大"专项行动方案》中明确提出，要继续实施好分户制度，对未脱贫建档立卡贫困户中靠家庭供养且无法单独立户的重度残疾人、重病患者等完全丧失劳动能力和部分丧失劳动能力的贫困人口，经个人申请，可参照"单人户"纳入低保，对其家庭可不再进行经济状况核对，打赢脱贫攻坚战后按低保政策动态管理。对有就业能力的建档立卡贫困家庭，在核算低保家庭收入时按规定扣减必要的就业成本，促进有劳动能力贫困人口积极就业，防止养懒人。

二、保障标准层面的相关制度

重庆市的兜底扶贫保障标准主要按照市县的经济发展水平、财政负担能力和贫困人口的实际需求等要素综合确定，确保在满足贫困人口基本生活需求的前提下，也不吊高胃口，而是积极地鼓励促进贫困人口自力更生，主动就业。保障的具体内容主要包括，为符合政策规定的贫困户提供专项救助，帮助贫困户参加各类保险，发放高龄补贴、儿童福利经费和残疾人补贴等。

比如在农村低保的保障标准层面，重庆市在《关于进一步加强农村最低生活保障制度与扶贫开发政策有效衔接的实施意见》中就提出，要根据全市上年度农村居民人均消费支出增长幅度，动态调整农村最低生活保障标准，确保全市农村最低生活保障标准不低于扶贫标准。逐步缩小城乡最低生活保障标准差距，到"十三五"末，全市城乡最低生活保障标准差距缩小到 1：0.8。在《做好新型冠状病毒感染的肺炎疫情防控期间困难群众基本生活保障措施的通知》中提出，核算家庭收入时，对因家庭成员患新型冠状病毒感染的肺炎造成家庭生活困难的，要充分考虑因疫情防范、治疗产生的家庭刚性支出因素，综合核算，适当扣减。对确诊为新型冠状病毒感染的肺炎患者中的低保对象、特困人员、困境儿童以及农村建档立卡贫困人口等困难群体，按低保标准2倍按月发放临时救助金，直到患者出院为止（时间从确诊之日算起，不足一个月按一个月发放）。

在农村特困人员救助和临时救助标准层面，《重庆市脱贫攻坚总攻"十大"专项行动方案》提出，要加强农村特困人员救助供养，调整特困人员救助供养标准，确保救助供养标准不低于城市低保标准的1.3倍，分档落实特困人员照料护理补贴。规范特困人员认定，及时将符合条件的建档立卡贫困人口纳入特困人员救助供养范围，优先为有集中供养意愿的生活不能自理特困人员提供集中供养服务，加强对分散供养特困人员的照料服务。同时，要加强临时救助救急难的功能，坚持"先行救助""分级审批"，简化优化临时救助审核审批程序，健全乡镇临时救助备用金制度，适当提高临时救助标准，提升救助实效。也要加强临时救助和低保政策衔接，对返贫人口和新增贫困人口基本生活困难的，可先行给予临时救助，符合条件的按规定纳入低保范围。打造一批农村失能特困人员集中照护机构（中心），提升贫困乡镇集中供养服务能力。

三、动态管理层面的相关制度

对兜底扶贫对象、标准和程序的动态管理工作，是整个兜底保障制度中非常关键的一环，它直接影响着精准扶贫的整体效率，也反映着扶贫资源分配的公平程度。重庆市以"两不愁三保障"为主要依据，在设置兜底扶贫动态管理制度的基础之上，也注重利用信息化管理平台，动态地监测贫困人口及贫困家庭的收入情况和遭受外部风险的情况，及时更新录入贫困户家庭成员人口、收入等信息，以此来保证兜底扶贫数据的准确性和时效性。

重庆市在《关于进一步加强农村最低生活保障制度与扶贫开发政策有效衔接的实施意见》中提出，要根据农村最低生活保障家庭成员身体状况、就业能力、收入变动情况，实行分类管理，分别按年、半年、季度时段进行复核。农村建档立卡扶贫对象按年进行动态调整。在《关于在打赢脱贫攻坚战三年行动中切实做好社会救助兜底保障工作的通知》提出，要完善农村低保动态管理机制，对纳入农村低保的建档立卡贫困户开展定期复核，不再符合条件的按程序退出，重新符合条件的及时纳入。脱贫攻坚期内，对纳入农村低保的建档立卡贫困户，因家庭收入发生变化，家庭月人均收入超过低保标准但低于 2 倍低保标准的，给予 6 个月的渐退期。渐退期内，按该家庭原领取低保金额发放。渐退期后，家庭月人均收入仍高于低保标准的，停发低保金，不再享受与低保相关的各项救助政策。在《重庆市脱贫攻坚总攻"十大"专项行动方案》中也提出，各区县要动态精准掌握新冠肺炎患者家庭以及因疫情导致难以就业、收入减少等生活困难家庭情况，及时将符合条件的新冠肺炎家庭或人员纳入社会救助覆盖范围实施救助。

表 2-1 重庆市部分兜底扶贫政策汇总

序号	发文机构	文件名	主要内容	发文时间
1	市民政局	《重庆市民政局关于做好当前困难群众基本生活保障工作的通知》（渝民发〔2020〕19号）	适度扩大基本生活保障覆盖范围，对低收入家庭中重残人员、重病患者等特殊困难人员，可参照"单人户"纳入低保；加强贫困人口摸底排查，有条件的区县，可在其他低保对象中稳步推行低保渐退制度	2020.09.17

序号	发文机构	文件名	主要内容	发文时间
2	市卫生健康委	《关于进一步扩大农村贫困人口大病专项救治病种范围的通知》(渝卫发〔2020〕32号)	在原有30个大病专项救治病种的基础上,新增膀胱癌、肾癌、重性精神疾病等3个病种纳入重庆市大病专项救治范围	2020.09.07
3	市财政局	《关于在脱贫攻坚中切实做好贫困重度残疾人照护服务工作的通知》(渝民发〔2020〕1号)	从七个方面提出做好贫困重度残疾人照护服务工作的要求	2020.01.12
4	市民政局	《重庆市民政局等三部门关于在脱贫攻坚兜底保障中切实做好临时救助工作的通知》(渝民发〔2019〕19号)	充分发挥临时救助在脱贫攻坚兜底保障中的作用。采取措施,切实强化临时救助兜底保障能力。加强领导,确保临时救助兜底保障工作落实到位	2019.12.15

怎样实现兜底扶贫

序号	发文机构	文件名	主要内容	发文时间
5	市民政局	《重庆市民政局关于切实做好未脱贫村社会救助兜底保障工作的通知》（渝民〔2020〕98号）	建立健全未脱贫村的未脱贫建档立卡贫困户兜底保障台账，逐一走访贫困家庭，并坚持动态管理	2019.11.13
6	市民政局	《重庆市民政局解决"两不愁三保障"突出问题工作方案》（渝民发〔2019〕93号）	扎实做好兜底保障，着力解决"两不愁三保障"突出问题，切实保障农村建档立卡贫困人口基本生活，充分发挥社会救助在打赢脱贫攻坚战中的兜底保障作用	2019.11.13
7	市残联	《关于做好贫困残疾人家庭"两不愁三保障"工作的通知》	要准确摸清"两不愁三保障"底数，坚持脱贫攻坚目标标准，紧盯突出问题聚焦聚力单个方面来开展残疾人家庭"两不愁三保障"活动	2019.10.23

序号	发文机构	文件名	主要内容	发文时间
8	市卫生健康委	《关于做好2019年农村贫困人口大病专项救治工作的通知》（渝卫发〔2019〕30号）	提升专项救治医疗服务能力和质量水平，减轻贫困患者医疗费用负担	2019.07.09
9	市医保局	《重庆市医疗保障扶贫三年行动实施方案（2018—2020年）》（渝医保发〔2018〕23号）	实现农村贫困人口制度全覆盖，基本医保、大病保险、医疗救助覆盖率分别达到100%；在继续落实农村贫困人口大病保险起付线降低50%基础上，进一步加大倾斜力度，支付比例提高5个百分点，逐步提高并取消大病保险封顶线	2018.12.18
10	市扶贫办	《重庆市人民政府关于建立残疾儿童康复救助制度的实施意见》（渝民发〔2018〕44号）	救助因残致贫的残疾儿童家庭，保障残疾儿童基本康复服务需求	2018.10.19

序号	发文机构	文件名	主要内容	发文时间
11	市扶贫办	《关于开展健康扶贫医疗救助"一站式"结算工作的通知》（渝扶办发〔2018〕50号）	实行农村贫困人口医疗救助"一站式"结算，符合救助条件的贫困人口到市内定点医疗机构就医时，由区县健康扶贫医疗基金管理部门和精准脱贫承办机构按照对应救助报销政策与医院按月结算	2018.08.29
12	市扶贫办	《重庆市农村贫困人口健康扶贫医疗基金使用管理办法（试行）》（渝扶办发〔2018〕20号）	设立区县健康扶贫医疗基金。贫困人口在医保定点医疗机构单次就医产生的医保目录内经基本医保、大病保险、民政医疗救助后个人承担自付医疗费用，实行分段救助	2018.07.24

构筑多层立体医疗"保障网"，全力推动健康扶贫[1]

实施健康扶贫工程，对于保障贫困人口享有基本医疗卫生服务，防止因病致贫、因病返贫具有重要意义。为破解因病致贫难题，重庆市综合施策构筑多层立体医疗"保障网"，扎实开展医疗保障扶贫工作，对贫困人口综合施策，确保贫困人口基本医疗有保障。

一是资助参保，确保"应保尽保"。落实贫困人口参保资助，对属于特困人员的农村贫困人口参保缴费按照一档缴费标准给予全额资助，对低收入救助对象和因病致贫家庭重病患者参保缴费按照一档缴费标准给予70%资助，对未纳入民政救助对象的农村贫困人口参保，由区县按贫困程度给予分类定额资助。

二是待遇倾斜，保障"基本需求"。根据国家医疗保障扶贫工作要求，立足现有制度，按照既坚持标准、确保扶贫实效，又不吊高胃口、避免过度保障的思路，制定了系列贫困人

---

1. 资料来源：《重庆市打赢脱贫攻坚战典型经验》，重庆市扶贫开发领导小组办公室2020年1月。

口的医保倾斜性措施，主要体现为"两升两降一取消"。

三是救助托底，防止"致贫返贫"。重庆市构建了贫困人口"三保险"（城乡基本医疗保险、城乡居民大病保险和精准脱贫保），实现农村贫困人口制度全覆盖，基本医保、大病保险、医疗救助覆盖率分别达到100%。"两救助"（医疗救助制度、疾病应急救助），将农村贫困人口全部纳入重特大疾病医疗救助范围，对突发重大疾病暂时无法获得家庭支持、基本生活陷入困境的农村贫困人口，加大临时救助和慈善救助等帮扶力度。"两基金"（健康扶贫医疗基金、扶贫济困医疗基金），设立区县（自治县）健康扶贫医疗基金。贫困人口在医保定点医疗机构单次就医产生的医保目录内经基本医保、大病保险（大额医疗）、民政医疗救助后个人承担的自付医疗费用，实行分段救助。

四是一站服务，结算"便捷无忧"。为保障贫困人口方便快捷享受各种医疗保障服务，医保部门通过医保信息系统，建立贫困人口"一站式"服务平台，实行基本医保、大病保险、医疗救助、扶贫基金"一站式"就医和费用结算，有效解决了因病致贫、因病返贫问题。

近段时间，重庆市彭水苗族土家族自治县龙塘乡黄金村2组建卡贫困户钱书正，佩戴袖标，带上镰刀，进山巡林。面对生态护林员这个新身份，他特别珍惜。"感谢驻村工作队和村支两委，又把我从贫困边缘拉了回来。"钱书正一家曾因学致贫。2016年，勤劳肯干的夫妻俩，种植烤烟摘掉了贫困帽。可好景不长，妻子刘春梅不幸患上子宫癌，让这个家庭再次因病返贫。黄金村驻村工作队得知消息后，来到他家走访慰问，帮助解决实际困难。"我们帮助刘春梅报销医疗费用，对他们家情况进行适时监测，落实了生态护林员这个公益性岗位，防止他们重走'回头路'。"黄金村第一书记罗成说。近年来，为有效防止返贫和产生新的贫困人口，彭水把解决贫困人口"两不愁三保障"突出问题作为决战决胜脱贫攻坚战的关键环节，聚焦已脱贫、未脱贫、临界户三类家庭，定期开展"回头看"，探索建立"两不愁三保障"突出问题动态清零机制，确保群众脱贫后不返贫[1]。

---

1. 案例来源：《彭水："两不愁"真不愁 "三保障"有保障》，华龙网2020年7月10日。

第三章·重庆市兜底扶贫的做法成效与实践经验

　　兜底扶贫保障是打赢脱贫攻坚战的重要组成部分，也是一项底线制度安排，可以保障贫困人口的基本生活，平衡居民收入分配，预防相对贫困，推进贫困地区经济社会发展。近年来，重庆市深入学习贯彻习近平总书记关于扶贫工作重要论述，坚决贯彻落实党中央、国务院和市委市政府决策部署，始终把兜底保障作为头等大事，强化政治担当，强化尽锐出战，强化精准方略，强化问题导向，大力度、高频度推动相关责任落实、政策落实和工作落实，取得了显著成效，积累了许多具有典型性、代表性和可推广的经验。

重庆市兜底扶贫的做法成效

在脱贫攻坚过程中，重庆市注重充分发挥社会保障的兜底性作用，提升贫困人口的生活质量。2019 年重庆市将符合条件的 22.8 万贫困人口纳入低保保障、1.17 万贫困人口纳入特困人员救助供养，农村低保标准增加至每人每月 440 元。同时，紧盯 13.9 万未脱贫人口，加大对贫困病人、残疾人、老人、失能人员等精准帮扶力度，开展农村留守儿童"合力监护、相伴成长"行动，建立农村特困失能人员集中供养模式，落实低保渐退期和分户制度，确保脱贫路上一个不少。在兜底扶贫的管理机制上，重庆市开发了"回头看"软件管理系统，采集脱贫信息 267 万余条。新识别贫困人口 1112 人，摸排脱贫监测户 7984 户 25838 人、边缘户 10264 户 30128 人，占贫困户的 3.37%。

一、重庆市兜底扶贫的做法

重庆市在兜底扶贫过程中，注重在组织领导机制上，坚持"三个导向"原则，压实兜底责任；在兜底对象层面，注重聚焦四类群体，开展针对性服务，夯实了兜底基础；在工作手法上，注重创新工作机制，依托"单人保""双联动"等工作手法，筑牢兜底防线。同时，还注重做好疫情灾情致困人员的救助工作，预防因灾返贫现象的出现。

（一）坚持三个导向，压实兜底责任

一是坚持责任导向，抓实组织保障。调整充实以局党组书记、局长任组长，各分管局领导任副组长，处室负责人为成员的市民政局脱贫攻坚工作领导小组，统筹推进民政脱贫攻坚工作。建立一把手负总责，分管领导总体实施，其他领导班子成员具体抓，业务处室分工抓的工作机制，做到责任明确到位、工作落实到人。自2016年以来，重庆市民政局党组召开64次党组会专题学习研究脱贫攻坚工作，召开约30次脱贫攻坚领导小组专题会议深入推进脱贫攻坚工作。并通过党组中心组理论学习、党组会、干部职工大会、专题宣讲报告会等形式，深入学习《习近平扶贫论述摘编》、习近平总书记重要讲话精神和对重庆重要指示精神，形成长期学习、持续学习的长效机制，不断增强民政脱贫攻坚的主动性，推动重庆市民政领域脱贫攻坚工作深入开展。

二是坚持目标导向，抓实政策供给。加强社会救助与扶贫开发政策有效衔接，对符合条件的农村贫困人口实行兜底保障。全面落实《进一步加强农村最低生活保障制度与扶贫开发政策有效衔接的实施意见》，结合民政部门职责，制定《重庆市民政领域脱贫攻坚三年行动方案》《关于在打赢脱贫攻坚战三年行动中切实做好社会救助兜底保障工作的通知》《重庆市民政局解决"两不愁三保障"突出问题实施方案》等系列政策，健全完善低保、特困人员救助供养、临时救助、残疾人"两项补贴"、农村养老服务、儿童福利、惠民殡葬、移风易俗等协同发力的综合保障体系，健全渐退制度、分户制度和调标制度等政策，不断健全居民家庭经济状况核对机制，积极引导社会组织参与脱贫攻坚，全力保障好贫困人口基本生活。

三是坚持问题导向，抓实整改提升。一体推进中央脱贫攻坚专项巡视"回头看"反馈问题和国家脱贫攻坚成效考核发现问题的整改，明确责任、逐项销号，举一反三、健全制度，防止问题反弹回潮。联合印发加强社会救助资金监管工作方案，提升社会救助资金使用效益。全面推行社会救助"一门受理、协同办理"，贫困群众救助更加便捷高效。

（二）聚焦四类群体，夯实兜底基础

重庆市扶贫办及民政局注重加强贫困人口动态监测，及时将符合条件的人员纳入兜底保障。一是聚焦未脱贫贫困人口，加强预警监测。截至 2020 年 9 月，对 2.44 万名未脱贫人口已全部摸排，摸排率 100%。其中，纳入低保兜底和特困供养范围 1.53 万人，占未脱贫总人口的 62%。二是聚焦易返贫人口，加强密切关注。对存在返贫风险的 2.64 万人已全部摸排，摸排率达到 100%。其中，纳入低保兜底和特困供养范围的有 1.06 万人，占返贫风险总人数的 39%。三是聚焦边缘困难群体，加强动态摸排。对 3.03 万名边缘贫困低收入困难群体进行全部摸排。经摸排纳入低保兜底和特困供养范围的有 0.96 万人，占扶贫边缘户总数的 31%。四是聚焦特殊群体，强化关爱帮扶。全面落实农村留守儿童、妇女和老年人关爱服务政策，健全工作机制，加大资金投入，做到应帮尽帮。建立信息完整、动态更新的基础数据库，提升关爱服务效能。

（三）做好五项工作，筑牢兜底防线

一是实施"低保渐退"。加强农村低保制度与扶贫开发政策在对象、标准、管理方面的有效衔接，实施低保渐退制度，对家庭收入超过低保标准的低保兜底贫困人口，因家庭收入发生变化，家庭月人均收入超过低保标准但低于 2 倍低保标准的，给予 6 个月的渐退期。截至 2020 年底，全市累计对 1.7 万名贫困人口实施渐退。

二是推行"单人保"。针对未脱贫建档立卡贫困户中靠家庭供养的重度残疾人、重病患者等完全丧失劳动能力和部分丧失劳动能力的贫困人口，实行单人户纳入低保保障政策，切实解决重病、重残等符合条件的贫困人口基本生活。截至 2020 年底，重庆市累计对 0.5 万名未脱贫人口进行了分户保障。

三是实施"双联动"机制。健全社会救助标准自然增长机制，同步调整兜底保障标准，每年根据上年度人

慰问两癌患病妇女 石柱县妇联供图

为石柱县三星乡低保户残疾人"冬送温暖" 石柱县残联供图

均消费增长比例同步调整低保保障水平。2020 年，重庆市农村低保标准较 2016 年增长 65%，较扶贫标准高 1952 元；特困人员供养标准较 2016 年增长 34%。自 2019 年 4 月以来，连续启动困难群众社会救助和保障标准与物价上涨挂钩联动机制，发放临时价格补贴 4.73 亿元。

四是做好疫情灾情致困人员救助工作。积极答好疫情"加试题"，将符合条件的困难群众纳入低保，按 2 倍低保标准对确诊困难群众实施临时救助，及时发放价格临时补贴；落实关爱帮扶措施，向困难群众免费发放防护用品，全力保障困难群众基本生活。2020 年疫情期间，重庆市新纳入兜底保障 2.32 万人，发放价格临时补贴 3.6

亿元，实施临时救助 4.5 万人次；为 22.07 万名困难群众免费发放口罩 36.12 万个、消毒液 1.9 万瓶。

五是支持社会力量参与脱贫攻坚。制定出台《社会组织参与脱贫攻坚工作指引》，广泛动员社会扶贫。印发《社会组织参与消费扶贫助力脱贫攻坚工作方案》，鼓励、动员各级社会组织开展产业扶贫、消费扶贫。积极引导慈善组织设立扶贫公益基金，通过慈善帮扶，妥善解决特殊困难群体个案困难。2020 年，重庆市市级慈善组织已设立专项基金 30 个，涉及扶贫公益基金 20 个。积极推进东西部扶贫协作，建立鲁渝社会组织扶贫协作联络机制，加强渝鲁东西部扶贫协作。

永川区宝峰镇医生入户开展义诊活动 谢洪卫 重庆市乡村振兴局供图

二、重庆市兜底扶贫的成效

经过重庆市各扶贫主体的协同努力，重庆市的兜底保障力度不断增强，特殊困难人员关爱帮扶力度持续加大，基层组织引领保障日渐有力，社会力量参与脱贫攻坚工作扎实推进，各类问题短板得到了有效治理。

（一）兜底保障力度不断增强

一是应保尽保，低保兜底扶贫 25 万余人。及时将符合低保保障条件的建档立卡贫困人口纳入保障范围。2020 年，重庆市有 25 万名扶贫对象纳入低保保障，占全市农村低保总人数的 41%，近五年累计支出低保金超过 42.8 亿元。二是应救尽救，对无劳动能力、无生活来源、无法定赡养抚养扶养义务人或者其法定义务人无履行义务能力的建档立卡贫困人口，纳入特困人员救助供养范围。2020 年，重庆市有近 1.3 万名扶贫对象纳入特困救助供养。近五年，累计发放基本生活供养金近 5 亿元。三是解急难，临时救助扶贫 8 万余户次。及时将符合条件的建档立卡贫困人口纳入临时救助范围，对遭遇突发事件、意外伤害、重大疾病或其他特殊原因导致基本生活陷入困难，低保、医疗救助等其他社会救助制度无法覆盖，或者救助之后基本生活仍然困难的给予生活救助。全市临时救助建档立卡贫困人口超过 8 万人次。

近五年，累计支出临时救助金超过 2 亿元。

（二）特殊困难人员关爱帮扶力度加大

在兜底扶贫过程中，重庆市注重建立健全农村"三留守"人员关爱服务体系，有序推进贫困重度残疾人照护服务、精神障碍人员社区康复服务、事实无人抚养儿童基本生活保障工作，改造提升 150 家特困人员供养服务设施（敬老院）。集中照护机构覆盖 50% 以上区县，确保有集中供养意愿且生活不能自理的特困人员都能得到集中供养服务。推进农村留守老年人关爱服务，在全市 38 个区县建立留守老年人定期探访制度，建立统一信息台账，及时更新数据。聚焦困境儿童，建立孤儿基本生活保障标准自然增长机制，精准落实事实无人抚养儿童保障政策，3500 余名孤儿、2000 余名事实无人抚养儿童的基本生活得到有效保障。建立农村留守儿童动态管理制度，持续开展"合力监护、相伴成长"专项行动，全市 21.79 万名留守儿童基本解决无人监护问题。聚焦重度残疾人、重病患者，全面提高"生活补贴和护理补贴"标准，惠及 49.9 万名残疾人。

（三）健全了兜底扶贫的组织管理机制

重庆市在兜底扶贫的实践过程中，健全完善了组织管理机制，提升了减贫效能。一是进行排查核查，精准应兜尽兜。各个区县都成立了兜底保障专项督查小组，深入镇乡街道实地调研督导，深化农村低保专项治理行动。同时，加强部门衔接，坚持扶贫部门全程参与区级农村低保兜底审核审批工作，坚持民政、扶贫部门共同参与低保、扶贫对象的动态调整及管理。民政部门主动与扶贫、医保等部门加强数据衔接和比对，及时将符合条件人员纳入兜底保障。二是进一步健全镇乡街道社会救助管理责任和审核主体责任，细化村组配合协助和驻村工作队帮助申请责任。对镇乡街道在社会救助兜底保障工作过程中因履职不力，导致应兜应救建档立卡贫困对象未获得救助的，由区级先行救助，年终再由区财政与镇乡街道结算时扣回。三是突出"救急难"工作主动发现机制。明确要求帮扶责任人、驻村工作队和村组干部对遭遇病、残、意外的农村建档立卡家庭主动排查、主动发现、主动帮助申请，明确要求时时查漏补缺、做到快速响应，清除救助盲区。

（四）社会力量参与脱贫攻坚扎实推进

重庆市积极引导社会组织开展公益众筹，参与中华慈善日、99 公益日等网络募捐活动来支持脱贫攻坚。近五年来，重庆市社会组织扶贫公益支出超过 25.2 亿元，累计开展各类公益扶贫项目及活动 4700 多个，惠及困难群众 274.44 万人，为全市脱贫攻坚、抗疫救助、济困帮扶做出了积极贡献。实施"三区"社会工作人才支持计划暨深度贫困乡镇社会工作服务项目,建设农村社会工作室(站)62个,实施农村社会工作服务项目15个。依托重庆市《社会组织参与脱贫攻坚工作指引》,明确了社会组织参与脱贫攻坚工作的主要路径、要求、重点领域等,并提供了重点区域、重点人群、联系方式等信息,方便社会组织直接精准对接18个扶贫开发重点区县、18个深度贫困乡镇及100个攻坚村负责人。2020年以来,重庆市社会组织开展重点扶贫项目882个,组织各类活动2188次,直接参与脱贫攻坚人员近30万人次,筹集扶贫资金2.16亿元,惠及困难群众48.3万余人次。

(五)兜底扶贫问题短板得到有效治理

重庆市在兜底扶贫中持续深入开展农村低保专项治理,全面查处"人情保""关系保""错保""漏保"等突出问题,救助服务水平不断提升。公开投诉举报及社会救助求助热线,及时回应群众关切、社会监督,取得了良好效果。比如重庆市潼南区完善三个机制,拉紧责任"防滑链"。一是联席会机制。由分管副区长负总责,定期召集民政、财政等22个相关单位召开工作联席会,研讨政策,协调解决保障标准与补差标准等重大事项。二是督查机制。定期督查巡查,发现问题建立台账,每月盘点通报镇街整改落实情况。三是预警排查机制。各村居民委员会建立民政（社保）员、小组长、志愿者及楼栋长（网格员）的"三级信息员"制度，定期走访排查收集扶贫对象的困难情况，及时精准帮扶救助。同时，聚焦审批效率低等"老大难"问题，建立规范、透明的监管机制，提升民政脱贫攻坚能力。

脱贫攻坚兜底保障工作的石柱经验[1]

2019 年以来，石柱土家族自治县以习近平新时代中国特色社会主义思想为指导，牢固树立"四个意识"，强化脱贫攻坚政治责任，创新举措，抓好落实，切实履行民政部门职能作用，充分发挥了民政工作在打赢脱贫攻坚战中的兜底作用。一是提高保障标准和补助水平。按照"兜底线、织密网、建机制"要求，严格落实市级文件精神，进一步提高城乡低保保障标准和补差水平，城乡低保保障标准分别达到 620 元 /（月·人）、496 元 /（月·人），提高城市和农村特困人员供养标准达到 806 元 /

1　资料来源：《脱贫攻坚兜底保障工作开展情况》，石柱土家族自治县民政局 2020 年 9 月 8 日。

（月・人）。落实城乡低保按户保障、提高户均保障人数。

二是提高精准识别、精准救助水平。扎实做好农村低保兜底保障扶贫工作，助推全县打赢脱贫攻坚战。推动在镇（乡、街道）全面建立临时救助备用金制度，对急难型困难群众实行"先行救助"，规范"一门受理、协同办理"机制，完善部门协调、信息共享等机制。

三是确保建档立卡贫困户应保尽保。对符合条件的丧失劳动力，缺乏自我发展能力，无法通过生产扶持、就业发展、搬迁安置和其他措施脱贫的建档立卡贫困户家庭纳入社会救助

石柱县中益乡华溪村小学新貌 刘万明 重庆市乡村振兴局供图

关爱贫困老人 石柱县团委供图

兜底保障，做到发生一起、解决一起，确保不漏一户，不落一人，切实做到应保尽保快保，保障其基本生活，截至 2020 年 8 月，已将 3084 户 6086 名建档立卡贫困户纳入低保兜底，214 名建档立卡贫困户纳入特困供养。

四是完善临时救助制度，防止因突发性困难致贫返贫。及时将符合条件的贫困人口纳入临时救助范围，有效解决贫困群众突发性、紧迫性、临时性生活困难。对确诊为新冠肺炎患者中的低保对象、特困人员、困境儿童以及建档立卡贫困户等困难群体，给予临时救助。为 1 名确诊新冠肺炎建档立卡贫困户患者按低保标准 2 倍发放临时困难救助金 2320 元。33 个乡镇（街道）开展 2 轮全覆盖集中排查摸排，累计排查出受疫情影响导致基本生活困难群众 8 户 21 人，发放临时困难救助金 8400 元。疫情防控期间，为因重大疾病导致基本生活陷入困境困难群众，开展临时困难救助 296 人次，发放临时困难救助金 166.7 万元。启动乡镇临时备用金制度，充分发挥临时救助救"急难"

潼南古溪镇龙滩村乡村医生开展医疗服务 甘红兵 重庆市乡村振兴局供图

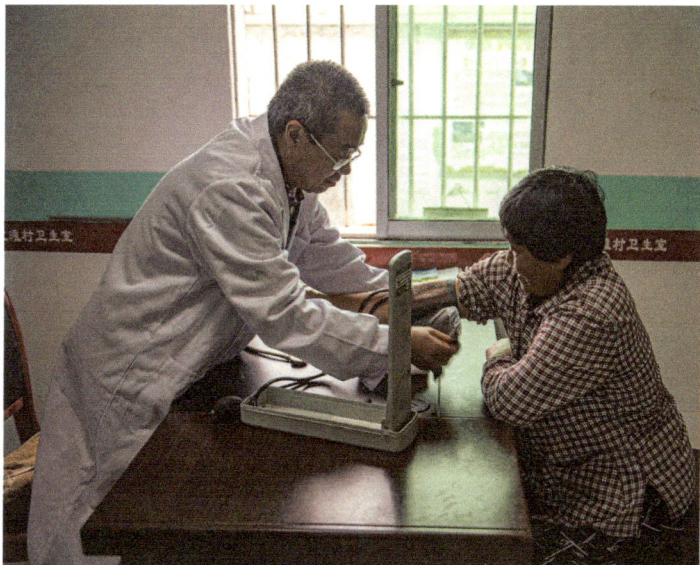

作用，救助因持续暴雨造成基本生活困难问题的困难群众 28 人，发放临时救助金 5600 元。

五是加大低保专项整治清理力度。对所有在册低保对象进行一次全面整治清理活动，清理纠正农村低保政策落实不到位问题，重点核查纠正"关系保、人情保、错保、漏保"的问题，有效提高农村低保专项治理工作的针对性，切实发挥农村低保在打赢脱贫攻坚战中的兜底保障作用。

重庆市兜底扶贫的实践经验

重庆市在兜底扶贫过程中，以精准识别为基础，注重丰富服务内容，创新服务方式，形成了具有重庆地方特色的"分类式兜底、阳光式兜底、协同式兜底和共享式兜底"四种典型经验。

一、精准识别，分类式兜底

分类式兜底是指在兜底扶贫中，精准识别扶贫对象，详细调查扶贫对象的致贫原因，根据扶贫对象不同的致贫原因，将扶贫对象划分为不同的扶助类型，出台针对性的帮扶政策和帮扶策略，切实做到兜底路上不落一人。一方面，重庆市认真学习和贯彻"社会保障兜底一批"的要求，全面排查和摸清全市扶贫对象的生计情况，严格按照识别标准和识别程序，做好应保尽保。

由于低保制度和扶贫制度的对象认定标准不完全相同，为确保符合条件的扶贫对象纳入低保兜底，实现应保尽保，重庆市切实加强两项制度在认定标准上的有效衔接，明确纳入低保兜底看三个条件。一看是否是建档立卡贫困家庭。建档立卡贫困家庭中凡是符合条件的都应当纳入低保兜底，不是建档立卡贫困家庭不适用于农村低保兜底脱贫政策。二看家庭成员是否丧失劳动力，缺乏自我发展能力，无法通过生产扶持、就业发展、搬迁安置和其他措施脱贫。明确"丧失劳动力、缺乏自我发展能力"的认定主要把握以下 4 个情形：家庭主要成员因残疾丧失劳动能力；家庭主要成员因病长期卧床不起丧失劳动能力；家庭成员中没有属于在劳动年龄段内的人员；家庭成员中有在劳动年龄段内并有劳动能力的人员，但其劳动收入无法维持家庭基本生活。三看共同生活家庭成员人均月收入是否低于农村低保标准。在低保兜底对象家庭收入计算上，以扶贫部门对扶贫对象家庭收入的测算为基础，结合低保对家庭收入认定的有关规定，合理计算家庭人均收入，综合研判扶贫对象家庭收入情况是否符合纳入低保兜底的条件 。

另一方面，重庆市在精准对接扶贫对象需求基础之上，针对扶贫对象中的重病及慢性病患者、失能人员、孤寡老人和困境儿童等特殊困难群体，加大精准帮扶力度，出台了医疗康复、养老服务、就业服务和教育扶持等各项具体帮扶措施。这部分群体面临的生活问题更严重，需求更多，脆弱性更深，脱贫难度更大。当面临外部突发性风险的影响时，返贫可能性就越加凸显，急需更具针对性的物质帮扶和公共服务。重庆市各区县在基层实践的基础之上，逐步探索形成了具有自身特色，并符合贫困人口现实需求的分类式兜底经验。

首先，重庆市对失能人员做到集中供养和专业照料，提高失能人员生活质量的同时，减轻失能人员的精神压力；对重病患者做到医疗兜底、就医服务、社区互助三者相结合，切实做到健康扶贫。重庆市奉节县针对农村建卡贫困户中的失能人员，积极探索脱贫攻坚新途径，在全国率先采取集中供养方式解决失能贫困家庭扶贫脱贫问题，取得初步成效。奉节县研究出台《奉节县孤残困难家庭失能人员集中生活帮扶试行办法》，采取"试点先行，规范管理，财政托底，购买服务，整体带动"的方式，探索建立贫困家庭和农村五保失能人员"政府兜底保障、释放劳动能力、助推脱贫攻坚"集中供养模式，减轻家庭的护理负担。2019 年，奉节县共投资2600 万元建设永乐、吐祥、草堂三个养护中心，累计供养失能人员 605 人，释放劳动力 906 人，每年增收 2700余万元。县民政、残联先从残疾、低保、五保等数据库筛选出准入人员，由奉节县民政局、县残联—镇街—村社三级把关审核，对每个申报家庭采取申报、核实、审批、公示四步工作程序，对城乡特困人员、城乡低保对象、农村建卡贫困户等贫困家庭中，"吃饭、穿衣、上下床、上厕所、室内走动和洗澡"六项日常生活活动能力指标，一项或多项不能自主完成、生活不能自理的失能人员，实行集中供养兜底保障。

供养"失能"释放"有能"，为贫困人口"松绑"的奉节经验[1]

为限时确保孤残困难家庭如期脱贫，奉节县把供养"失能"释放"有能"、在全市率先对失能贫困人员实行集中供养，作为一项政府兜底的民生工程和公益性事业来抓。整合五保、低保、社会救助、慈善捐款等资金，按1名失能人员1500元/月的标准，由财政统一拨付，政府兜底保障。集中供养中心联合卫计、社保、教委等部门，对于失能人员及其家庭在医疗帮扶、再就业培训、教育减免等方面提供相应帮扶政策。指派专门医生定时负责失能人员身体

---

1. 资料来源：《重庆市打赢脱贫攻坚战典型经验》，重庆市扶贫开发领导小组办公室2020年1月。

检查和常见病处理，重大疾病由政府采取医疗救助方式对其进行帮扶。为入住失能人员建立动态管理档案，负责生活费用和日常管护。

专业照料——失能人员体面生活"比家暖"

奉节县在失能人员照料中，一是注重护理科学性。按1∶7的比例聘请专业护理服务人员，对供养人员实行专业照料，并科学合理地安排供养人员的饮食、住宿、学习和康复训练，让失能贫困人员过上有尊严和体面的生活。二是注重集体温暖性。入住的失能人员生活在集体的大家庭中，交流互动、群体生活，深深感受到社会大家庭的温暖，他们能安心生活、治疗、和睦相处，减少社会负担。三是注

奉节县失能人员供养中心 图片源于奉节生活网

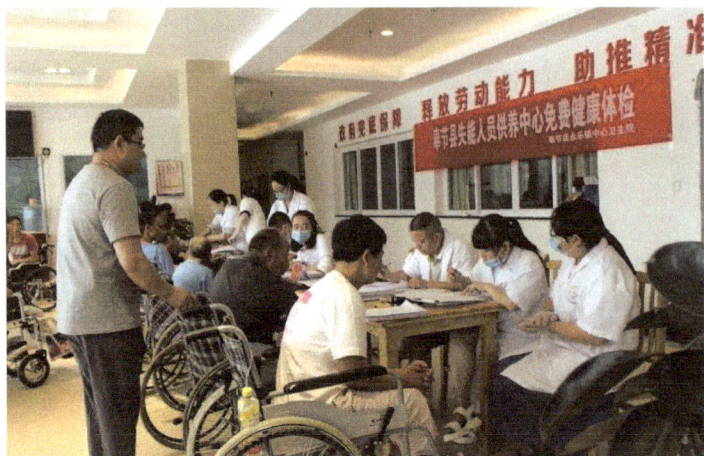

奉节县失能人员免费健康体检 图片源于奉节生活网

重力所能及性。入住的失能人员还能根据自己的特长，由供养中心指导，从事力所能及的手艺。四是注重崇德向善性。集中供养为失能人员找到家的温馨，让失能人员感受到社会的关爱和无限的亲情关怀，让失能人员懂得感恩、崇德向善，他们决心以自己的身心无私奉献、回报社会。

释放有能——松绑劳力换取"大发展"

奉节县通过失能人员集中供养，释放了劳动力，换取了"大发展"。一是小投入换取大收益。失能人员集中供养后成本大幅下降，平均每人每月为 1500 元，1 年为 1.8 万元。保守估算，户均收入可达到政府投入的四倍以上，实现失能人员家庭"高一格脱贫，快一步致富"。二是全松绑促进再就业。平均每集中供养 1 名失能人员，就能释放两名以上劳动力。而这些挣脱了"束缚"的劳动力，其就业热情极高，健壮的劳动力得到全面释放，实现正常就业到外地务工和本地就业。三是释放大潜能助创业。失能贫困人员送入集中供养中心后，失能贫困家庭成员没有后顾之忧，充分发挥自身的技术优势、地理优势和利用各项优惠

奉节县养护中心工作人员指导残疾人的手工画艺 图片源于奉节生活网

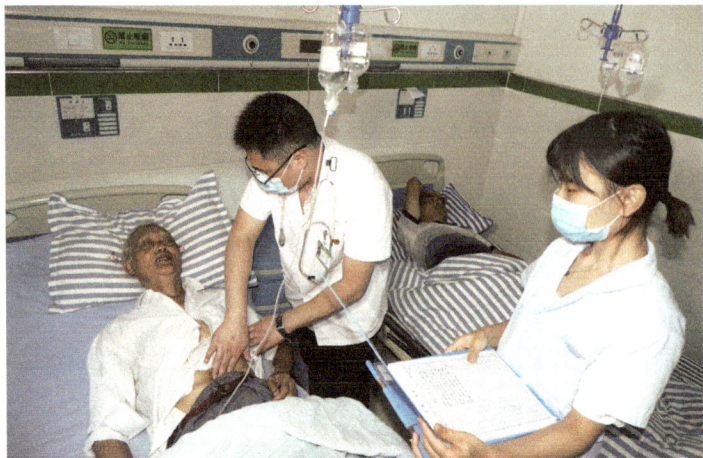

云阳县泥溪镇卫生人员开展医疗服务 刘庆丰 重庆市乡村振兴局供图

政策，释放"自己脱贫自己干"的巨大潜能，走出一条自主创业脱贫致富路。

其次，重庆市立足农村老龄化现实，积极创新养老服务模式，兼顾城市和农村老人养老，确保兜底路上不落一人。对孤寡老人注重建立农村老人关爱服务体系，促进农村互助养老体系的完善。比如，2019 年 6 月，重庆市大足区为巩固脱贫攻坚成果，破解传统养老模式困局，在宝顶镇铁马村探索"四元互动"城乡互助养老模式，让老人在"不离开乡土环境、不失去亲情陪伴、不改变生活方式"的前提下，通过"老帮老"互助养老，缓解养老资源不足的问题，得到了群众一致好评。目前，该模式正在全区 22 个村（社区）推广试点。

探索互助式养老模式破解养老难题的大足经验[1]

"每次老郭来我家我都特别高兴，有了他的关心和照顾，我感觉不那么孤单，心里暖着咧！"近日，大足区宝顶镇铁马村 2 组 85 岁的特困老人阳世德家又迎来了一位"常客"，64 岁的老党员郭学德自从去年 7 月加入铁马村老年志愿服务队，阳世德就成为他重点服务的对象之一。跑腿代买生活用品、帮他测量血压、忙里忙外打扫房屋卫生，不一会儿，阳世德家就被收拾得干净整洁。随后，两位老人再切磋下棋，传来欢声笑语不断……养老不离家，服务送上门。老人其乐融融的温馨场景，正是大足区创新开展全国第四批居家和社区养老服务改革试点、加快推进城乡互助养老服务模式的生动写照。[2]

1. 资料来源：《大足区宝顶镇铁马村探索互助式养老模式 着力破解"养老难"问题》，重庆市民政局提供。
2. 案例来源：《大足养老服务绘新篇 托起最美夕阳红》，重庆日报 2020 年 3 月 17 日。

一、明晰职责分工，形成工作合力

宝顶镇铁马村总人口 762 户 2842 人，其中 60 岁以上老人 675 人（含独居留守老人 122 人），占总人口的 23.8%，养老服务需求明显，传统家庭养老模式已经无法满足现实需要。互助养老通过明晰政府部门、互助组织、社工机构，及其他社会力量四个不同主体的角色、定位、职责、作用，构建"政府部门指导＋互助组织负责＋社工机构引导＋社会力量协同"的"四元互动"城乡互助养老模式，形成多方力量共同参与的强大合力。

二、建立"1+4+4"工作机制，提升服务质量

一是建立 1 个互助中心。利用闲置的原铁马村小学校舍，建立养老互助中心，为村内老人提供集中开展互助式养老的场所。中心引入专业社工——重庆市大足区福佑社会工作服务中心，开展生活照顾、兴趣娱乐、情感陪伴、社会参与等服务。制定日常活动管理、安全管理、人员行为规范等制度，营造良好养老氛围，保障中心有序运行。

二是明确 4 级联系人。结合农村居住分散的情况，对每一个参与互助式养老的老人明

确四级联系人，明确每级联系人的不同职能任务，形成有序的互助帮扶运行体系。一级联系人由村干部或其他选派人员担任，负责统筹互助式养老服务开展、需求整理与发布、服务记录档案资料撰写及其他应急事宜处理。二级联系人由各互助组组长担任，将全村老人分为6个互助组，每位联系人负责收集自己互助组内重点老人日常走访信息、老人需求收集、服务反馈至一级联系人处。三级联系人为院落联络人，负责本区域内重点老人的日常走访工作，提供具体的互助养老服务，并向二级联系人反馈服务情况。四级联系人为服

大足区铁马村为老年人开展义诊活动 图片源于大足区民政局

务对象的亲属，包括子女、亲戚等，具体服务需要得到四级联系人的认可与知晓，在身边的四级联系人需要积极加入到互助养老服务中，紧急情况会联系四级联系人。通过四级联系人，随时跟踪老人日常生活状况，准确把握老人需求变化。

三是提供4类特色服务。围绕老有所养、老有所依、老有所乐、老有所为，细化"生活关怀、精神慰藉、娱乐文化、价值成长"四类特色服务，精准满足老人的个性化服务需求。即：生活关怀服务，如一人建立一个健康档案、一日一问候、一月一次爱心理发等主题活动，满足老人日常生活所需；精神慰藉服务，如每周组织一次志愿陪伴、每月开展一次老人与子女或亲友视频连线等，给予老人心理关怀与情感支持；娱乐文化服务，如每周开展一次读报、故事会、歌唱、手工等主题兴趣活动，每季度组织开展1次集体生日会，在重大节日开展集体庆祝活动等，提高日常生活乐趣；价值成长服务，如组建老年互助志愿队、老年互助艺术团等，鼓励老人发挥自身价值。

三、创新"时间银行""互助超市"制度，激发持久动力

建立"时间银行"。低龄老人及志愿者、村民在"时间银行"开户后，将根据提供志愿服务的内容和时间，转换成相应的积分。单位或集体也可以通过捐赠物资、金钱等方式，换取公益积分。根据积分情况，设置灵活多样又富有人性的荣誉奖项，定期对表现突出的集体或个人予以宣传和表彰，激发各方面参与互助式养老服务的积极性。同时，积分还可以随时换取相应服务，以满足常规或不时之需。

建立"互助超市"。针对农村老人普遍对实际物品更为看重的特点，设置"互助超市"，通过出售互助成员手工制品抽取分成、集体经济分成、社会或政府机构捐赠等渠道，充实超市物品，低龄老人及志愿者、村民可以把"时间银行"积分兑换成自己所需的生活物品。通过"互助超市"，拓展了积分"变现"渠道，进一步提升了老人参与互助式养老的积极性。

最后，重庆市着眼农村困境儿童的现实情况，注重发挥各类教育机构、社会组织和志愿团体的优势，做好公益

活动、结对帮扶日常关爱活动和心理辅导活动，培育其明礼感恩、向上向善、坚强乐观的心态和志向，营造全社会关怀帮扶困境儿童的氛围，促进儿童健康快乐成长。

凝聚力量，关爱贫困儿童的重庆市经验[1]

一、开展贫困儿童"红色之旅"主题实践公益活动。2020 年 1 月 21 日至 25 日，重庆市委宣传部、市文明办、市财政局、市教委、团市委、市校外联组织 18 个深度贫困乡镇 300 名少年儿童开展"冬日阳光·温暖你我"重庆市贫困儿童"红色之旅"主题实践公益活动，通过红色体验之旅、军营体验之旅、智能智慧体验之旅等形式，推进贫困家庭儿童爱国主义教育和革命传统教育。

二、开展"1+1+N"结对帮扶日常关爱活动。重庆市妇联依托基层妇联组织，通过入户走访的形式，对贫困家庭等困境儿童的年龄结构、分布情况、生活状况及需求进行全面调查摸底和登记，建立工作台账和成长记录档案。

---

1. 资料来源：《重庆市打赢脱贫攻坚战典型经验》，重庆市扶贫开发领导小组办公室 2020 年 11 月。

一方面，结成"1+1"帮扶对子。针对分布零散、多数散居在贫困偏远农村地区的特点，按照就近和属地原则，建立由近万名村、社区妇联干部组成的"爱心妈妈"队伍。另一方面，拓展社会帮扶 N 力量。通过对接儿童老师，征集爱心志愿者、爱心家庭、爱心单位等方式，实现家庭监护、学校教育、社会关爱的无缝链接。"爱心妈妈"常态化开展"六个一"日常关爱活动，即："每周与孩子见一面了解情况、每半月与孩子谈一次心、每月与监护人交流一次、每季度与班主任进行一次沟通、每学期陪伴参加一次亲子活动、每年陪孩子过一次节"，

云阳县泥溪镇儿童开展活动 郑彬 重庆市乡村振兴局供图

帮助儿童监护人给予孩子持续稳定的亲情关爱、生活帮助和心灵成长支持。

三、开展"团体＋个案"心理辅导服务活动。针对贫困家庭儿童普遍存在的缺失亲情，自卑、孤僻、不合群的心理问题，购买社会服务，实施少年儿童心理项目，通过设计极富趣味性的团体游戏和活动，引导少年儿童融入集体，融入社会，学会感恩。一方面，开展贫困儿童及爱心妈妈混合团体辅导。对片区督导员、妇联干部、志愿者开展专题培训，传授工作方法和专业知识，大力提升爱心妈妈自我认知、情绪管理水平、觉察能力和帮扶技巧。重庆市妇联共筹资156万元，实现38个区县及两江新区、万盛经开区第三轮心理团辅全覆盖。筹资30万元，对40名深度贫困家庭儿童和40名爱心妈妈开展为期一周的暑期培养示范活动，给予少年儿童亲情关爱和心灵成长指导，帮助爱心妈妈们有效提升关爱帮扶能力。

另一方面，对有较为严重心理或行为问题的贫困儿童提供为期一年的"1对1"个案心理辅导。专业心理咨询师针对少年儿童的具体情况，制定个性化帮扶服务方案，每周电话咨询1次，每月面对面辅导1次，每半年进行1

次心理健康程度测评，切实解决或缓解少年儿童情绪情感、社交恐惧、人际关系等方面的问题。经组织专家组测评，参与项目的少年儿童自尊、自信有所提高，不安全感、焦虑、抑郁等负性情绪得到了不同程度缓解，社交退缩、攻击性行为明显减少，学习习惯明显改进，人际关系有所改善，社会信任度提高。

二、制度先行，阳光式兜底

阳光式兜底是指在兜底扶贫中创新制度管理模式，构建起科学规范的兜底扶贫监督体系，保证扶贫资源供给的准确性，确保农村低保政策、临时救助与专项救助等相关救助政策的公平、公正、公开，使贫困人口能切实享受到系统性的物质帮扶和公共服务。重庆市注重细化兜底扶贫政策，在中央出台的扶贫文件基础上，结合重庆市实际情况，进一步明确兜底扶贫对象的需求，合理制定扶贫标准，规范申请审批程序，围绕扶贫对象之所需，本着方便快捷、及时有效的原则，推进兜底扶贫。重庆市聚焦解决重病患者、老年人、残疾人、儿童等特殊困难群众的"脱保"问题，重点排查未有效建立农村低保与扶贫开发政策衔接机制，导致符合条件的建档立卡贫困对象未及时纳入保障范围的情况。对未实施

重庆市实施"分户计算"兜底扶贫 图片源于重庆市民政局

"重度残疾人""重病患者"单人保政策，对所有符合低保条件的在册低保对象进行定期整治清理活动，清理纠正农村低保政策落实不到位问题。在兜底扶贫过程中，重庆市重点关注困难群体的真实需求，运用科学有效的程序从制度公平、管理公平、服务公平的角度对困难群体实施精确识别、精确帮扶、精确管理，把识别权交给基层群众，让困难群体在兜底扶贫中有更多的知情权、选择权、参与权和监督权，进行阳光式兜底扶贫。

具体而言，重庆市在低保兜底审批程序上坚持规范到位，确保及时公正。鉴于扶贫和低保制度在审核审批程序中部分环节功能相同的情况，扶贫对象纳入低保兜底的程序在一般低保审批程序的基础上会有所变化。一是简化程序，提高工作效率。不再需要扶贫家庭先提出申请，而直接由乡镇通过筛查提出符合低保政策兜底条件的扶贫对象初步名单。由于扶贫部门在审核扶贫对象过程中已经进行了民主评议，因此在低保兜底流程中不再重复进行民主评议。二是明确五步流程，规范审核审批。低保兜底对象的审核审批，严格按照五步流程规范操作：第一步是乡镇对建档立卡贫困家庭进行全面筛查，提出符合低保兜底条件的对象初步名单；第二步是乡镇在村委会的协助下进行入户调查，核查对象家庭基本情况；第三步是乡镇确定拟纳入低保兜底的名单，并提出

兜底扶贫定期调整机制宣传 图片源于重庆市民政局

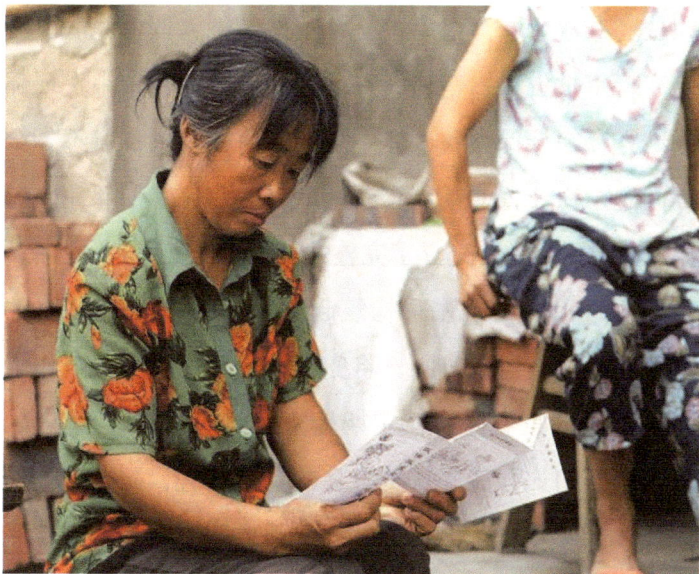

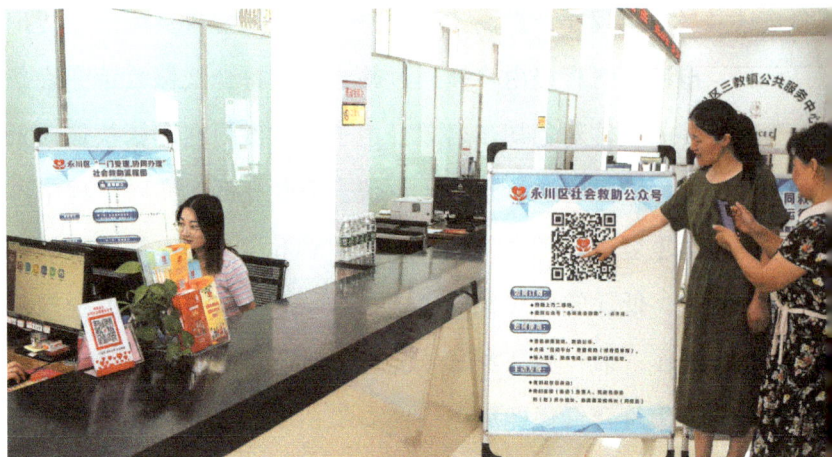

永川区推出社会救助公众号 图片来源永川网

拟发放的低保补差金额；第四步是乡镇将拟纳入低保兜底对象名单在所在村公示后上报；第五步是区县民政局和扶贫办进行联合审定，符合条件的纳入低保兜底。三是完善审批资料，建立一户一档。针对在督查中发现部分地方存在低保兜底工作不规范、审核审批材料不齐全等问题，积极督促基层查漏补缺，全面完善低保兜底对象审核审批资料，建立了完整的一户一档低保兜底档案。

　　同时，重庆市注重构筑起规范的兜底扶贫监督体系，完善扶贫监督机制。将兜底扶贫制度落实情况作为督查督办的重要内容，定期检查、公示。财政、审计、监察等部门加强兜底扶贫资金的监督管理，防止弄虚作假，优亲厚友。对出具虚假材料骗取兜底保障的单位和个人，按照有关规定予以严肃处理；对管理不力、责任不落实、处置不及时、造成严重后果的各级政府部门追究相关责任；在兜底扶贫审核审批过程中滥用职权、玩忽职守、徇私舞弊、失职渎职的人员，严肃追究责任。重庆市严格进行低保审查制度，严把低保"进出口"，规范识别流程，明确基层责任，有效解决贫困识别的主观随意性问题，保证兜底扶贫第一关口的公平公正。及时对所有在册低保对象进行全面整治清理活动，清理纠正农村低保政策落实不到位问题，有效提高了农村低保专项治理工作的针对性，切实发挥农村低保在打赢脱贫攻坚战中的兜底保障作用。

"一门受理、协同办理"：贫困人口帮扶改革的永川经验[1]

2019 年，重庆市永川区有建档立卡贫困户、城乡低保、特困供养等困难群众 7 万余人，涉及帮扶项目 54 项，政策资源和信息分布在 16 个区级部门及群团组织。为坚决打赢打好脱贫攻坚战，永川区全面探索实施"一门受理、

---

1. 资料来源：《重庆市打赢脱贫攻坚战典型经验》，重庆市扶贫开发领导小组办公室 2020 年 11 月。

协同办理"困难群众帮扶综合改革工作，集中力量做好普惠性、基础性、兜底性民生建设，整合资源、简化流程，实现困难群众"求助有门、受助及时、帮扶合理"。

一、做好制度设计，全力畅通工作堵点。一是制定专项工作方案。研究制定《永川区"一门受理、协同办理"困难群众帮扶实施方案》，明确在困难群众帮扶工作中实行"三统一、两不变、一共享"的工作原则，即：统一受理窗口、统一受助对象核查、统一台账管理；各帮扶部门政策权限不变、资金渠道不变；各帮扶部门共享困难群众协同办理平台信息。二是建立两级联席会议制度。强化多位一体、统筹发展的组织保障，区级层面成立以区政府分管副区长为召集人，区扶贫办、区民政局、区教委等16个单位为成员单位的联席会议；镇街层面建立以主要负责人和分管负责人为召集人，相关部室为成员单位的联席会议。三是设立两级帮扶服务窗口。在23个镇街公共服务中心和262个村（社区）便民服务中心设立帮扶服务窗口，统一对辖区内困难群众帮扶申请进行登记。群众仅须到服务窗口口头申请，再由镇街工作人员通过入户调查的方式收取申请资料，确定帮扶项目和渠道，分事项转办到扶贫、城乡低保、特困供养、住房救助、医疗救助等帮扶业务单位，有效解决群众申请"摸不着头绪、找不到门路"的问题。

二、健全网络体系，着力疏解工作痛点。一是建 T 型网络，实现互联互通。整合部门帮扶系统，建立协同办理综合信息平台，"横向"连接 16 个单位和区慈善总会，"纵向"贯通区、镇街和村（社），形成"T"型协同帮扶网络，串联起全区 54 项帮扶事项，有效打破信息壁垒，解决帮扶信息不对称、帮扶资源未共享的问题，实现各项帮扶制度之间的协调与衔接。二是建公共档案，实现共建共享。收集 130 万条社会帮扶信息，按照审批周期实时更新，实行数据分级储存、一体汇总、同步操作、信息共享。截至 2019 年 6 月份，筛查发现错救疑点信息 3084 条，核减不符合条件 550 人次、复核 272 人次，对符合条件的主动进行帮扶 2262 人次，其中，建卡贫困户 251 人次。三是建运行系统，实现全程追溯。依托两级社会帮扶窗口，分类对申请对象的困难情况或主要诉求进行登记、分办、反馈，相关单位限时办理。办理情况同步通过短信方式告知社会帮扶服务窗口和申请对象。开通"操作日志"，实行全过程记录、全过程留痕，实现帮扶"可追溯"。累计登记申请事项24256件，其中批准20809件。

三、完善工作机制，主动消除帮扶盲点。

一是组建主动发现队伍。针对群众对帮扶项目政策不熟悉造成未进行帮扶或帮扶不及时等工作盲点，按照属地管理原则，组建镇街、村（社区）、村民小组长（社区居民小组长）"三级信息员"队伍4000余人，及时帮助老弱病残、行动不便的申请人代为申请各项帮扶措施，并跟进办理过程，确保"救急难"对象发现村不漏户、户不漏人。二是延伸拓展移动终端。依

永川区宝峰镇医生开展入户诊疗服务 谢洪卫 重庆市乡村振兴局供图

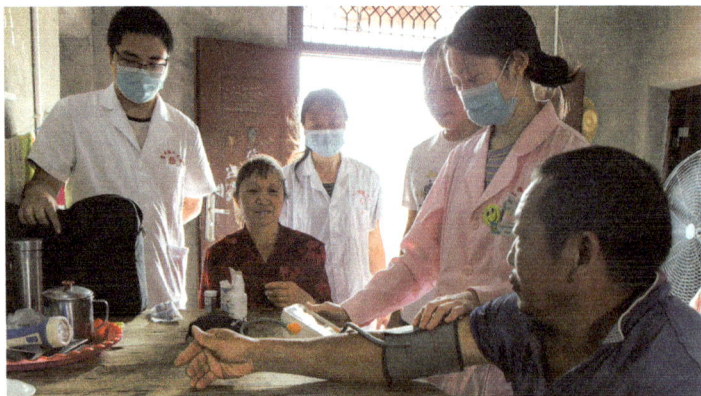

托协同帮扶信息平台，通过手机 APP 等渠道向社会公众提供政策咨询、帮扶公示、互动平台等服务，确保实现"主动求助"和"发现救助"。截至 2019 年 6 月，移动终端收到"主动求助"和"发现救助"信息 284 条次，处理 274 条次。三是统一核查规范运行。各镇街依托现有工作机制，参照现行信息核查认定的有关规定，通过信息比对、入户调查、邻里走访和信函查证等方式，对申请对象家庭基本情况和经济状况进行统一的调查核实和评审认定，出具困难群众基本情况及经济状况核查报告。各级各类社会帮扶单位对统一核查情况、评审结论及其申请材料予以互认并共享，确保帮扶对象精准识别、精准帮扶。

三、多方联动，协同式兜底

多方协同式兜底是指在兜底扶贫中，依托政府、企业、社会组织等不同扶贫主体的优势，搭建互动交流平台，协同开展兜底扶贫。多方协同的过程即不同协同主体，为了实现兜底扶贫这一协同目标，围绕扶贫环境和扶贫结构安排所进行的互动过程，包括主体联结、协商沟通、资源集聚、利益分配、过程监管等多个方面的具体内容。《重庆市解决"两不愁三保障"突出问题实施方案》中提出，市发展改革委、市教委、市民政局、市人力社保局、市住房城乡建委、市水利局、市农业农村委、市卫生健康委、市医疗保障局等主管部门，要坚持主要负责同志亲自抓、分管同志具体抓，根据部门职能，制定兜底扶贫工作方案，明确工作标准和支持政策，优化政策供给，优先安排项目、优先保障资金和措施落实，确保各个政府部门既各司其职，又形成攻坚决胜的强大合力，以此提升兜底扶贫成效。

重庆市在兜底扶贫中，注重提供平台鼓励社会组织及其会员单位整合自身资金、物资、物流等优势资源，采取直接捐资、捐物的方式帮助贫困群众。积极引导民办非企业单位等社会组织通过"一对一""一对多"等方式，与贫困村、贫困户开展结对帮扶。通过加大对扶贫捐赠的优惠力度，广泛引导社会力量积极参与脱贫攻坚。注重引导民营企业公益慈善资源精准有效对接特殊贫困群体。与市级有关部门共同创新开展消费扶贫行动，组织引导民营企业积极参与消费扶贫，支持参与社会扶贫网、消费扶贫专柜专馆示范试点建设，引导社会各界爱心人士在社会扶贫网上注册和消费；组织优秀企业参加中国慈展会期间举办的"万企帮万村"行动消费扶贫对接活动；指导电商企业、互联网企业、零售企业、物流企业完善贫困地区农产品供应链和服务体系。

同时，重庆市在协同式兜底扶贫过程中，也注重发挥城乡统筹兜底的功能，发挥城市的优势带动作用，实现兜底扶贫资源要素在城乡之间流通，以实现共建、共治、共享的城乡治理格局。尤其是在易地扶贫过程中，注重保障搬迁户基本生活，及时将搬迁后符合条件的人员纳入最低生活保障范围或特困人员供养范围，对搬迁后出现突发性、紧迫性、临时性生活困难的人员按规定及时给予临时救助。引导搬迁群众参与迁入区社会治理工作；优先安排支持安置点社区综合服务设施项目；加强安置区社区自治组织建设，建立健全安置社区治理机制，推动社区、社会组织、社会工作、社会志愿服务联动，解决搬迁群众的实际困难和矛盾纠纷。"积力之所举，则无不胜也；众智之所为，则无不成也。"兜底扶贫是一项涉及方方面面的系统工程，绝不只是一方力量、一个部门的事情，需要动员全社会广泛参与，推动各方力量通力协作，构建政府、社会、市场协同推进的大扶贫格局，形成攻坚决胜的强大合力。多方协同兜底正是实现资源整合与优化配置，并重视资源价值的提升过程。

社会组织参与兜底扶贫的重庆经验[1]

重庆现有各级各类社会组织 1.7 万多家,从业人员 20 余万人。重庆高度重视发挥社会组织在脱贫攻坚工作中的作用,重点围绕专项扶贫、产业扶贫、精准帮扶等方面开展工作,取得明显成效。截至 2019 年 11 月,全市社会组织开展重点扶贫项目近 1000 个,直接参与脱贫攻坚人员 12 万人次,扶贫支出逾 16 亿元(其中物资近 3 亿元),惠及贫困群众 120 余万人次,取得了良好的减贫效果。[2]

比如,由重庆市民政局主办,重庆慈众社会工作服务中心承办的扶贫社会工作服务项目。项目实施地为重庆市深度贫困乡镇——巫山县双龙镇的安静村。项目以安静村社会工作室为依托,整合内外资源,融入市委宣传部"社会组织参与双龙镇社会工作服务工作思路"和市文明办"美丽乡村、福在双龙"精神扶贫工作示范点建设实施方案,以"扶志"和"扶智"

---

1. 资料来源:《重庆市扶贫社会工作服务项目》,华龙网 2018 年 9 月 29 日。

2. 数据来源:《重庆:社会组织参与脱贫攻坚成效突出》,中华人民共和国民政部,2019 年 11 月 5 日。

社会组织开展儿童社会工作服务 重庆市乡村振兴局供图

为核心，探索精神扶贫工作服务体系，探索"双向推进、内外共扶"的扶贫社会工作服务模式，改善服务对象的不良状态，增强服务对象的脱贫动力和能力。

该项目以"助人自助"的社工理念为基础，通过"专业社工引领＋政府部门支持＋村委会协作＋志愿者和其他社会组织参与"的途径，充分发挥农村留守群体自组织的作用和功能，协助成立了"慈孝"助老志愿者服务队、"慈幼"助幼志愿者服务队等两个志愿者服务队；建立了"快乐天使"儿童志愿者服务队、"妇乐"妇女互助会、"桑榆"老年互助会等三个自助互助会；打造了"共享未来夏令营"、"慈幼"

四点半课堂等留守儿童服务平台和载体。依托这些自组织、服务平台和载体，开展以扶志和扶智为目标，以社区倡导、社区教育为主要内容的扶贫社会工作服务。

项目自开展以来，在重庆市民政局、巫山县民政局的领导和支持下，共计服务约800人次，入户探访400余人次，发放调研问卷200余份，有效掌握了服务对象需求。结合服务对象需求，以"扶志"和"扶智"为核心，开展"扶志"系列小组6个，"扶志"系列社区活动8场；"扶智"系列小组6个，"扶智"系列社区活动6场；资源链接6场次；针对服务对象的个性化需求，个案建档25个，开展服务90余次。通过上述服务，改变服务对象的不良状态，让他们不等、不靠、不要，自强、自立、自信，提高了脱贫动力和能力。

四、依托网络，动态式兜底

动态式兜底扶贫是指重庆市注重协调扶贫、民政、人社、教育、卫健、医保和残联等部门及时共享各类困难群众的基础数据，全面监测城乡低保对象、特困供养人员、未脱贫建档立卡贫困人口、存在返贫风险已脱贫人口、存在致贫风险边缘人口的生活状况，将因疫情或其他原因收入骤减或支出骤增的家庭，患有慢性病和重大疾病的城乡困难群众，登记发证的残疾人全部纳入监测范围，并逐步扩大到低收入人群、城乡登记失业人员等城乡困难群体，在对象覆盖上做到了广覆盖、无死角，精准实施动态管理，加强动态监测和信息共享。

一方面，重庆市严格按照国务院扶贫办的部署和要求，坚持把精确识别扶贫对象，精准进行动态管理，作为脱贫攻坚的基础性工程，坚持高位推动、上下联动，立足抓早、抓实、抓细，全力确保数据质量，不断夯实工作基础。通过部门间的信息数据共享比对，适时发出监测预警信息，做到困难问题、急难事件早发现、早介入、早救助，确保符合救助帮扶条件的对象"不漏一户、不错一人"。一是保持低保兜底对象的相对稳定性。纳入低保兜底的扶贫对象在脱贫攻坚期间，除发生死亡、迁出等家庭人员变化，或家庭收入、财产等经济状况明显超标以外，将连续享受兜底政策，避免出现边脱贫、边返贫现象。二是实行分类动态管理。低保兜底对象按照常规进行分类动态管理，有重病、重残人员且共同生活的家庭成员收入基本无变化的为A类家庭，每年复核一次；共同生活的家庭成员和收入状况相对稳定的为B类家庭，每半年复核一次；共同生活的家庭成员有在法定就业年龄内且有劳动能力尚未就业或灵活就业，收入可变性大的为 C 类家庭，每季度复核一次。低保兜底家庭的人口状况、收入状况、财产状况发生变化的，及时增发、减发或者停发低保金。三是开展信息核查比对。利用市社会救助家庭经济状况信息核查比对平台，将纳入低保兜底的对象进行全面信息比对，对家庭收入、家庭财产等经济状况已明显不符合低保兜底条件的家庭，及时予以清退，提高低保兜底对象认定精准度。

另一方面，重庆市注重建立常态化核查机制，组织各级帮扶干部对贫困户"两不愁三保障"情况进行全面摸排、签字背书，乡镇党委政府建立工作台账，区县主管部门逐户核实销号，市级抽查验收确认，每月比对一次动态变化，全面掌握未脱贫、已脱贫、临界户三类群众"两不愁三保障"状况。组织区县以"两不愁三保障"为重点，全面开展"五访行动"，即：书记遍访，县委书记遍访贫困村，乡镇党委书记遍访本辖区所有贫困户，村党组织书记、驻村"第一书记"遍访本村所有贫困户；干部走访，帮扶干部每月走访 1 次贫困户；教师家访，义务教育阶段中小学教师全员家访贫困学生；医生巡访，家庭医生团队每季度定期问诊，乡村医生常态送诊，医疗专家每月集中义诊；农技随访，组建县乡两级服务队，每年开展 1 期以上集中技术培训、4 次以上技术指导服务。

同时，重庆市坚持兜底扶贫的数字化管理，用大数据、智能化完善建档立卡工作，先后开发精准扶贫大数据平台、脱贫人口"回头看"软件系统、"两不愁三保障"走访调查系统、脱贫成效跟踪监测系统等。通过大数据平台开展建档立卡数据信息比对清洗，实现平台共享和数据交换，经常性开展行业部门之间大数据比对，确保数据真实、准确、统一。通过手机 APP 进行"两不愁三保障"摸底、脱贫人口"回头看"数据采集，由系统进行分析统计，既确保了数据采集的即时性，又有效减轻了基层负担。对接健康扶贫医疗救助"一站式"结算平台、贫困学生资助信息平台、农村危房系统等，通过"电子识别员"自动巡查排查，大数据平台自动统计分析预警研判，生成"两不愁三保障"问题台账，自动分发问题数据，动态监控整改进展，实现"两不愁三保障"基本信息动态化、数字化管理。

2018 年国家扶贫成效考核第三方评估结果显示，重庆市贫困人口识别准确率、退出准确率为 100%。

依托"红黄蓝"监测预警云平台，预防返贫的璧山经验[1]

为认真贯彻落实习近平总书记关于扶贫工作的重要论述和系列重要指示批示精神，探索

---

1. 资料来源：《重庆市打赢脱贫攻坚战典型经验》，重庆市扶贫开发领导小组办公室 2020 年 11 月。

建立解决相对贫困长效机制，兑现"全面建成小康社会一个不能少，共同富裕路上一个不能掉队"的庄严承诺，重庆市璧山区借力"互联网+"，依托"区—镇—村—扶贫对象"四级网格化监测预警"云平台"，建立贫困人口和边缘人口集数据采集、实时更新、监测预警、研判处置为一体的干预返贫致贫机制，巩固脱贫攻坚成效。

一、采集核准基础数据。深入全区贫困户、脱贫监测户和边缘户家中，采集常住地址、家庭成员、健康状况、结对帮扶、就业情况、产业发展、小额信贷、住房保障、医疗保障、教育保障、出行道路、农村低保等第一手资料，建立可视化数据分析库和展示平台。区、镇街、村（社区）分级享有数据录入、查看、导出等权限，打通"数据"互不兼容、孤立单一、重复采集等"中梗阻"，基本实现监测对象信息互联互通，各级各部门了解或掌握相关信息，只需通过手机APP即可查询了解，实现足不出户"一点即知"。

二、实时录入常态更新。通过工作平台的移动化改造，用手机向下采集数据和向下输出服务。建立监测对象数据更新"三级管理"

责任体系，区攻坚办、各部门（镇街）、三级帮扶人各司其职、各负其责。三级帮扶人和驻村工作队队员结合日常走访，并实时监测18项基础数据，一旦发现有变动则立即通过手机APP上传数据和图片资料等，再由行业部门、镇街比对确定。各相关部门、镇街随时向监测预警云平台传输数据，更新监测对象的相关信息。监测对象"两不愁三保障"情况和当月收入、支出情况由每年计算变为每月展现，并可通过PC和手机端实时反映，极大提升数据准确度和更新效率。同时，以可视化、可记录为切入点，创新扶贫工作监管方式，通过GPS定位实时跟踪扶贫工作人员状态，实现"人在干、数在转、云在算"的设计理念和实际应用效果。

三、监测评估预警提示。针对贫困人口"两不愁三保障"和收入"一达标"情况进行实时监测，将住房、医疗、教育三项基本保障以及劳动力状况、就业情况、教育医疗支出、月收入来源及构成等10余项因素作为主要分析指标和预警来源。建立"三色"预警，一旦监测对象有返贫致贫风险发生，根据返贫致贫风险程度，实时提示"红""黄""蓝"三种颜色

璧山区扶贫车间开展就业培训 图片源于璧山区融媒体中心

（"红"色代表风险极高、"黄"色代表风险较高、"蓝"色代表风险较低），同时云平台立即向 PC 终端管理员和帮扶责任人发送预警信息。建立远程评估机制。对"红色"预警的监测对象，可随时通过 PC 或移动客户端，组织相关部门、镇街和帮扶干部进行视频会议，研判预警信息，采取果断措施处理。在减轻基层负担的同时，确保紧急、疑难问题最短时间形成最有效的决策。畅通监测对象"24 小时"诉求反映渠道，监测对象可以通过手机 APP 中"一键求助"，实时发布产业需求、帮扶需要、求助信息，紧急呼叫"三级"帮扶干部，帮扶干部也可以通过实时通信、在线视频了解帮扶对象情况，帮助贫困户或边缘户解决困难。云平台将全过程记录帮扶情况，确保困难得到及时解决。

四、实施返贫致贫干预。根据监测预警云平台相关信息，每月组织相关部门、镇街进行会商研判，有针对性地精准制定干预措施。对于"两不愁三保障"突出问题未彻底解决的，立即责成相关部门、镇街限期解决落实；对于缺乏技术，就业无门的，通过开办技术培训、提供公益岗位等方式，帮助实现稳定就业；对有条件、有意愿发展产业的，落实产业发展规划、资金支持和小额信贷政策；对缺乏信心，志气不足的，通过加油鼓劲，激励先进，让其增强信心、恢复志气；对于因病、因残确实无劳动力，生活无保障的，通过实施农村低保兜底和强化救助，让其"生活无忧"。2019 年，全区已通过监测预警云平台，结合脱贫攻坚"回头看"，新识别贫困户 24 户 73 人，边缘户 24 户 72 人，干预并整改落实问题 169 个，有效防止 121 户农户致贫。

五、有效对接乡村振兴。试点将农村低保人口、农村特困人员和年度大病支出较高人员家庭纳入监测对象，将各村集体经济收入、贫

重庆市召开惠民济困保项目培训 图片源于重庆市民政局

困人口利益联结机制、行政村生活垃圾治理情况、软弱涣散党组织整顿、村级后备力量等指标纳入云平台监测，有效扩大监测范围，提高数据分析质量。推动平台数据与乡村振兴数据有机衔接，在实施"一村一品"、推进"三变改革"、"三社融合"及"三园"建设过程中，在制定各类基础设施建设规划和专项资金使用计划时，充分考虑该村贫困人口具体情况，利用云平台数据分析功能，实现项目安排、资金使用、帮扶成效更加精准，进一步发挥监测预警云平台在巩固脱贫攻坚成效方面的作用。

璧山区通过这一系列包括采集核准基础数据、实时录入常态更新、监测评估预警提示、实施返贫致贫干预、有效对接乡村振兴在内的有效举措，建立起了依托"红黄蓝"监测预警的云平台，共享式的公共云平台切实帮助建立起了干预返贫致贫的机制。

第四章·重庆市兜底扶贫的前景展望与长效保障

　　2020年3月19日重庆统计局发布未脱贫人口数据，统计数据显示，2019年末全市剩余未脱贫人口2.4万人。大规模的人口脱贫一方面体现重庆市脱贫攻坚进程的成效明显，成就巨大。另一方面，也从侧面反映出，受贫困原因的错综复杂和贫困类型的多种多样的影响，家庭重病患者、丧失劳动能力等特殊对象，作为"贫中之贫、困中之困、硬骨头中的硬骨头"，使得脱贫攻坚依然面临着诸多潜在的困难和挑战。为有效应对这些挑战，重庆各市级政府部门、各区县深入贯彻党中央的决策部署，以习近平新时代中国特色社会主义思想为指导，坚持以人民为中心的思想，结合重庆市的实际情况，将兜底扶贫作为重大政治任务和民政系统的头等大事，坚决完成脱贫攻坚兜底保障任务。未来，需要重点推进三个方面的兜底保障工作：第一，保证社会救助制度、保险制度和福利制度的长效性，有效应对返贫风险，助推相对贫困问题的解决。第二，建立多主体协同扶贫的平台和机制，积极引导动员全社会力量参与兜底扶贫，保证兜底扶贫主体协同的长效化。第三，以贫困人口的需求为本，实现兜底扶贫服务的长效化，促进兜底服务更加精准与高效。

做好顶层设计，
确保制度执行的长效性

  《中共重庆市委关于制定重庆市国民经济和社会发展第十四个五年规划和二〇三五年远景目标的建议》提出，要实现巩固拓展脱贫攻坚成果同乡村振兴有效衔接。要保持财政投入力度总体稳定，持续推进脱贫地区发展。推动产业扶贫向产业振兴提升，有序提档升级贫困地区基础设施和公共服务水平。健全防止返贫监测和帮扶机制，做好易地扶贫搬迁后续帮扶工作，加强扶贫资产管理。建立农村低收入人口帮扶机制。健全农村社会保障和救助制度，完善社会力量参与帮扶机制，增强贫困人口巩固脱贫成果及内生发展能力。要实现巩固拓展脱贫攻坚成果的目标，首要的就是要确保兜底扶贫相关制度的长效性，以避免各类脆弱性贫困人口出现返贫的情况。

一、提升各类救助标准，优化社会救助制度

重庆多山区，许多贫困地区自然条件差，生态环境脆弱，农村贫困人口面临着产业发展难、扶贫成本高、脱贫难度大的困境，这也对社会救助功能的提升提出了进一步的要求。一方面，在已经脱贫的农村人口中，还有很大一部分属于生存脆弱性较高的群体，或者本就属于边缘户群体，发生返贫的可能性大。某些脱贫人口由于自身发展能力不强，家庭经济抵御风险的能力弱，一旦遭遇重大疾病、失业、意外风险等各种不可控的危机事件，往往会给自己及家庭带来新的伤害，不利于巩固拓展脱贫攻坚成果。另一方面，在后脱贫时代，保障贫困人口的生存权和发展权需要有更高的标准，脱贫攻坚并不是终点，而是新生活的起点。所以，后期的兜底扶贫工作不能仅停留在解决"温饱问题"之上，而是需要提高社会救助的水平和质量，实现贫困社区和贫困人口的可持续发展。巩固并发展脱贫攻坚的成果需要坚持不懈做好各项社会救助兜底扶贫工作落地落实，确保贫困人口能够全部脱贫，巩固脱贫攻坚的成果，高质量全面完成脱贫攻坚任务。

社会救助制度作为一项基础性的扶贫制度，在脱贫攻坚时期发挥了重要的作用，切实发挥了兜底保障的功能。未来，重庆市的社会救助制度，还可以从以下几方

面进行优化。一是提高社会救助标准，加大保障力度。当前，某些地区低保救助、医疗救助、灾害救助等救助标准仍然较低，兜底保障作用仍然有待强化，可以在适度保障的前提下，逐步提高救助标准。当然，也要预防养懒汉现象，积极开展就业培训工作，促进贫困人口生产技能的提升，实现主动脱贫。

二是做好制度衔接工作，完善工作机制。社会救助制度内部的各个制度之间需要进一步协调，既要保证不同救助内容都能切实发挥实效性，避免分散化，也要规避过多的"福利叠加"现象，防止造成群众之间的攀比效应。更重要的是，要继续创新农村低保制度与农村扶贫制度的有效衔接机制，协调好救助标准、救助主体和救助程序之间的关系，确保其能够在统筹社会救助资源，维护并实现困难群体的基本权利等方面发挥积极作用。

三是继续完善贫困监测机制，预防返贫风险。既要注重贫困人口当前最需要解决的问题和困难，也要注重防范和化解贫困人口面临的各类返贫风险。对脱贫不稳定人口和边缘易致贫人口进行动态监测预警和提前干预，同时要扩大社会救助兜底扶贫范围，及时将遭遇可控或不可控危机事件的人口纳入社会救助兜底保障体系，增强这部分人口抵御社会风险的能力。

四是统筹城乡发展，推进兜底扶贫。未来，重庆市要充分发挥城乡协同发展的优势，密切城乡经济发展关系，畅通城乡物质资本、人力资本和社会资本之间的良性循环，培养服务农村社区的社会救助人才，优化农村救助服务体系，使其能够接近城市社区的救助和服务标准。

二、扩充各类保险项目，优化社会保险制度

社会保险在脱贫攻坚中起到了基础性的、不可替代的兜底保障作用。社会保险可以缓解农村因年老丧失劳动能力收入降低，因疾病产生大额医疗支出或丧失劳动能力而引发的陷贫、返贫现象，助力全面建成小康社会。然而，我国覆盖范围广大的社会养老、医疗保险，并未能完全消灭因年老、疾病致贫、返贫的现象。究其原因，很重要的一部分是社会保险"广覆盖、保基本"的制度设计目标所致。社会保险在设计时需要根据我国仍然处于发展中国家的经济现状，确定一个较低的保障水平，从而实现广覆盖。同时，社会保险的筹资压力和保险精算公平的属性，必然要求保障水平与缴费水平挂钩。因此，巩固拓展脱贫攻坚成果，需要继续优化社会保险制度，解决现有社会保险保障存在的不平衡、不充分问题。

一是可以扩大社会保险的范围，提高社会保险的补贴标准。将兜底对象纳入基本养老保险和基本医疗保险政府代缴费范围，调整兜底对象养老保险和医疗保险缴费补贴，降低兜底对象大病保险报销起付线和自费资

金。并对部分重残、特困供养人员等特殊兜底对象进行全额补助。

二是创新社会保险的类型，提供多层次社会保险服务。现有的社会保险类型可以满足大多数人的需求，然而，对一些社会底层群体，特别是承受风险能力低的群体是远远不够的。因此，创新社会保险的类型，提供多层次的社会保险服务势在必行。比如，随着人口结构日益老龄化和高龄化，我国失能老人的数量持续增多，又由于家庭小型化导致家庭照护服务能力下降，因而社会化照护服务的需求不断增加，但目前照护服务的有效供给严重不足，规范化、标准化程度很低，同时部分失能老人及其家庭无力购买社会化照护服务，迫切需要建立长期照护保险。对承受风险能力低的群体，建立政府补贴的意外伤害保险，也可预防返贫现象的出现。

三是可以发挥商业保险在兜底扶贫当中的作用。商业保险的风险管理和理赔服务效率较高，可以弥补社会保险的不足。所以，政府可利用地方财政资金或者民政救助资金为兜底扶贫对象购买商业保险服务，提高对兜底对象的保障水平。

三、关注各类弱势人群，优化社会福利制度

兜底扶贫中的社会福利主要是指政府和社会向全体

公民，尤其是特殊困难群体，提供的各类福利津贴、实物供给和社会服务，以满足其生活需求并提高其生活质量。未来，相对贫困的主要群体是缺乏劳动力和容易返贫的群体，比如老年人、重病患者、残疾人、困境儿童和流动人口等群体。农村老年人口基数的增长及致贫原因的复杂性给老年人贫困问题的解决增添了难度；留守儿童和流动儿童因受到社会发展和政策等结构性因素的影响，更容易陷入贫困之中；而残疾人、重病致贫者则因为其身体限制和特殊照顾需求，往往会给家庭成员带来重大的压力负担而需要更多的社会支持。这类人群的社会服务需求、发展性需求、社会融入需求和生活质量提升需求较为迫切，需要提供更加专业的社会服务以提升这类群体的社会福利。

一要加强农村贫困老年人福利。各级政府部门及社会力量需要增加农村养老机构设施的投入，通过推进社会福利社会化，引导社会力量提供老年人福利服务，并结合社区老年人福利服务供给和家庭养老模式，完善农村老年人社会服务体系。二要加强农村贫困地区残疾人福利。与其他群体相比，残疾人群体由于残疾影响、受教育程度偏低、机会不均等因素导致其贫困程度更为严重，贫困发生率更高，对外部因素的依赖性更大。各级政府需要进一步采取有效措施，建立和完善残疾人专项社会福利制度，针对农村残疾人群开展农村实用技术培训，扶持农村残疾人就业创业，扩大农村残疾人福利范围，进一步提高农村残疾人福利水平。三要加强农村贫困妇女福利。可以注重挖掘贫困妇女群体的潜能和社区的优势资源，依托扶贫车间等载体，为她们提供合适的工作岗位。鼓励贫困女性等低收入群体自雇创业，同时，注重培育妇女等社区骨干及组织，推动社区建设，增强贫困妇女的互助网络和社会资本。最后，要加强农村留守儿童福利，完善农村教育设施和娱乐设施，增加社会组织帮扶力度，促进留守儿童的身心健康发展。

在对各类贫困人口展开针对性帮扶的同时，也需要继续完善贫困地区的基本公共服务供给体系，强化供给力度，提升城乡公共服务均等化水平。农村公共服务体系的建设可以从基础建设、政策激励以及组织保障几个方面入手。

在基础建设方面，需要完善农村养老机构、农村卫生室、乡镇卫生院等基础养老和医疗卫生机构的硬件设施，合理设置基层卫生机构和救治的服务范围，提升农村贫困人口的服务保障水平，减少因病而致贫返贫的风险。在政策激励方面，农村在医疗和教育公共服务方面与城市存在较大差异，很重要的原因就在于乡村的人才缺乏，政府和各部门应该根据各地情况制定一定的福利政策。可以建立医院和学校的对应帮扶政策，主要指城市中水平较为突出的学校和医院可以对农村进行定点帮扶，定期开展指导帮扶工作和培训工作；可以制定合理的轮岗制度，派遣城市中较为优秀的医护人员和教师，轮流到乡村工作；鼓励高学历人才及应届毕业生到乡村工作，并制定相应的激励政策，例如派遣期过后给予三甲医院的转正聘用机会等，适当拓宽聘用渠道，同时保证相关人员在工作期间的生活补贴及子女教育优惠等；在服务队伍方面，要鼓励青年干部到贫困地区工作，充实贫困地区干部队伍，弥补相关地区干部人才缺乏问题，提升干部水平，进而帮助促进所在地区公共服务供给，提高地方政府的公共服务水平。

构建"3+1"长效扶贫机制的忠县经验[1]

重庆市忠县针对贫困群众因病因学因灾三大首要致贫返贫原因和持续增收难题，创新建立兜底医疗救助、全学段教育资助、意外灾害保底救助和普惠金融诚信贷"3+1"扶贫帮扶机制，全力补齐乡村振兴之短板。

---

1. 资料来源：《重庆市打赢脱贫攻坚战典型经验》，重庆市扶贫开发领导小组办公室 2020 年 1 月。

一、兜底医疗救助机制，群众看病不再愁

忠县每年设立 2500 万元健康扶贫医疗救助专项兜底资金，构筑四道扶贫医疗救助保障线。一是商业保障线。将全县建卡贫困人口全部纳入"精准脱贫保"范围进行医疗救助。每年投入 600 多万元为救助对象购买小额意外保险、大病补充保险、疾病身故保险和贫困学生重大疾病保险。二是应急保障线。对因家庭成员突发重大疾病住院治疗，在扣除各种医疗保险报销、民政医疗救助等救助资金后，对特困供养人员、孤儿、低保对象、民政建档特困等人员给予一定比例的应急救助。三是兜底保障线。筛查农村贫困人口因病致贫对象，建立数据库进行重点关注和动态监管，住院个人支付费用超过 10% 部分费用仍较大的，由县医疗救助资金、县级帮扶集团、乡镇街道予以统筹解决。在县内各公立医疗机构设立"一站式"结算窗口，实行"先诊疗、后付费"。四是源头保障线。每年投入 800 万元引入华大基因公司，免费开展产前无创基因检测、新生儿耳聋基因筛查、新生儿遗传代谢疾病累计筛查 17553 例。建立人口素质监测 DNA 数据档案，最大限度减少出生人口缺陷。

二、全学段教育资助机制，学生上学乐无忧

每年设立 2000 万元教育扶贫资助基金对贫困家庭学生学前教育、义务教育、普通高中教育、中职教育和普通高校教育等各学段以及高校毕业生差缺的就学费用进行全过程资助。一是精准对象"应助尽助"。将建卡贫困户、低保、孤儿、残疾贫困生、特困生以及毕业三年内的高校贫困毕业生一并纳入教育资助范围，"六类学生"教育资助实现全覆盖。二是全学段帮扶"不留空档"。对学前教育到普通高校教育各阶段的学生实行帮扶；对高校贫困毕业生实行生源地助学贷款贴息资助。三是上调标准"轻松就读"。调整特困寄宿生补助标准、中职贫困学生助学金标准、贫困大学生生源地助学贷款标准，对未享受国家助学金的非贫困中职学生，按照国家标准每年每人 2000 元给予补助。2019 年全县已落实建卡贫困户学生资助共计约 49846 人次 4134.73 万元。

三、意外灾害保底救助机制，群众受灾有依靠

针对偶发性、突发性、不确定性、不可预见性灾害、伤害事故导致的断崖式致贫返贫，创新"政府＋保险"灾害救助防范保障机制。

一是参保对象不固定。每年财政安排 500 万元，与中国人寿、人保财险公司合作开发无固定对象意外伤害、灾害、死亡险种，将全县城乡居民纳入保险范围。二是灾害范围广覆盖。制定相关救助方案，对因洪涝、地震、滑坡、泥石流等自然灾害，交通事故、工伤事故等 7 类意外导致的伤害、灾害、死亡且无法获得补偿、赔偿的群众进行保险赔付。三是保险赔付定底线。对普通意外伤害事故造成的损失，属合作医疗范围内的费用、在扣除医保报销等费用后，余下部分按 100% 比例给付保险金。因意外灾害死亡的，每人给予不超过 5 万元限额保险赔付。

忠县大力发展蜜桃产业 钟志兵 重庆市乡村振兴局供图

四、普惠金融诚信贷机制，产业增收不再难

构建产业发展金融扶持"渔鱼兼授"新模式，有效化解贫困群众产业发展资金匮乏问题。一是银行出资金。与3家银行合作开展"普惠金融诚信贷"，对有需求贫困户产业发展，给予5万元以下、期限3年、免担保免抵押、基准利率诚信金融贷款。二是政府担风险。完善风险防控体系，建立产业发展普惠金融诚信贷风险补偿金2800万元，对贫困户产业发展进行贷款贴息，对到期不能偿还贷款的贫困农户进行风险承担。三是产业有选择。出台《2017—2020年产业到户扶贫项目指导意见》，

酉阳县车田乡开展苗绣技能培训 陆纲 重庆市乡村振兴局供图

围绕柑橘、生猪、笋竹、茶叶、中药材等特色种养产业，为贫困农户编制有市场、易操作、见效快的项目，引导和指导贫困户选择合适的产业发展项目。四是农户得实惠。开通普惠金融诚信贷绿色通道，农户仅需一证一纸（身份证和申请书）即可办理贷款。农户诚信贷款既可自主选择产业发展项目，也可捆绑投资农村新型经营主体和农业合作社相关产业项目，以入股分红的方式获取稳定的贷款收益。

发挥合作共赢优势，确保主体协同的长效性

　　贫困是一个社会问题，贫困问题的解决有赖于多方面力量的共同努力。外部资源的推动，是有效、快速缓解贫困问题的重要要素。让广大人民群众共享改革发展成果，是社会主义的本质要求，是社会主义制度优越性的集中体现，是中国共产党坚持全心全意为人民服务根本宗旨的重要体现。只有建立协同治理贫困的格局，才能实现共享发展的目的。目前，贫困地区尤其是深度贫困的地区，内生脱贫的要素、结构尚未健全，需要较长的时间去完善、去构建，不论是市场主体还是慈善组织，在脱贫攻坚中已然扮演不可或缺的角色，都能够提供坚实的力量，实现贫困地区脱贫的目标。动员全社会力量的广泛参与，是我国扶贫开发事业取得伟大成就的经验之一，是中国特色扶贫开发道路的重要特征。自脱

贫攻坚战开始以来，重庆市在党和政府的组织领导下，市场组织、社会组织和村民个体通过多种方式积极投身扶贫事业，参与扶贫开发工作，取得了显著效果。其中，各政府部门、民主党派与工商联充分发挥自身在政策、人才和智力扶贫上的优势；工会、共青团、妇联等群团组织注重发挥自身在组织动员、个案辅导、政策宣传、家庭维系和和谐社区营造等方面的优势；各类社会组织根据实际情况通过筹集款物、家庭经济状况调查评估、建档访视、需求分析、志愿服务、结对帮扶等形式，积极投身于扶贫事业，社会扶贫显现出了巨大的发展潜力。

一、发挥政府组织在兜底扶贫中的主体作用

兜底扶贫最核心的内涵就是通过社会保障制度的设计、执行和完善，来救助帮扶最困难的贫困人口，使得困难群体既能有生存发展的物质资源，也能有足够的勇气、信心、能力和机会，去应对各种随时可能遇到的社会风险。现代社会中兜底扶贫的实质就是一种政府为主体的制度安排，是针对贫困人口的各种救助、保险和福利的统称，政府是兜底扶贫相关政策规划的制定者，扶贫资金和服务的供给者。所以，未来重庆市的兜底扶贫工作，首先是要充分发挥政府在兜底扶贫中的主体作用。

一方面，要切实加强兜底扶贫的组织领导，统筹部门间的协调合作关系。各级政府相关部门需要精心建立和完善兜底扶贫工作机制，创新兜底扶贫政策，搭建兜底扶贫工作平台，进一步明确各成员单位等的工作职责，发挥整体合力。另一方面，需要改进政府部门的管理服务方式。全市各级政府部门要适应兜底扶贫体制机制改革创新的需要，进行深入的调查研究，搭建兜底扶贫的社会参与平台，提高社会扶贫工作的管理和服务能力。加强对社会扶贫资源筹集、配置和使用的规范管理，建立公开、科学、透明的社会扶贫监测评估机制，增强社会扶贫公信力和影响力。对挤占、挪用、套取兜底扶贫资金，不按捐赠单位或捐赠人意愿管好用好资金项目、造成重大社会影响的组织，要严格追责、严肃处理。

二、加强社会组织在兜底扶贫中的能力建设

社会组织的存在可以更好地应对国家经济与社会发展过程中出现的"政府失灵"和"市场失灵"，弥补政府和市场在兜底扶贫资源提供上的不足，发挥社会力量的集聚作用，更好地满足不同利益群体的特殊需求。当前，重庆市社会组织参与兜底扶贫的能力建设和操作空间还有所不足，需要进一步加强自身能力建设，以适应不断变化的减贫环境。首先，要提升社会组织专业化帮扶技

巧，主动寻找救助对象，并对救助对象的贫困状况及救助需求进行评估，客观真实地了解贫困对象的价值观、需求、面临的生活问题及发展期待，这有助于科学判断服务对象是否符合救助条件。其次，需要制定有针对性的救助规划，通过各类扶贫资源供给，恢复并增强贫困对象的社会功能，增强他们的自我发展信心。再次，要通过各种科学规范的个案、小组等工作方式和社区活动的举办，链接更多的救助资源，提高兜底扶贫的使用效率，积极回应贫困群体的多元化需求。最后，社会组织要积极嵌入到国家的扶贫战略之中，通过政策倡导和资本链接的方式，增加贫困人口的社会资本，提升贫困人口的发展能力，也可以通过扩大贫困者的经济机会、促进赋权和加强安全保障三个方面来形成持续性的减贫动力，改善反贫困结构。

三、扩充市场组织参与兜底扶贫的实践空间

扩充市场组织参与兜底扶贫的目标在于以专业化的技术、质优价廉的服务满足社会成员多元化、多层次的需要，提升贫困治理的效率与质量。未来，重庆市要充分发挥兜底扶贫的保障功能，还需要扩充市场组织参与兜底扶贫的实践空间。市场组织在发展村级集体经济，创造就业岗位，助推农产品升级，提供产品销售渠道等

方面发挥着重要作用。重庆市的兜底扶贫需要坚持因地制宜的发展原则，推动贫困社区发展主导产业。企业要在深入调研基础上，结合企业自身优势，积极帮助当地社区培养经营、管理和技术人才，努力打造有当地特色、可持续发展的主导脱贫产业。鼓励支持特殊贫困人口以入股、务工等方式融入产业开发，分享产业发展红利。同时，要推动集体经济发展壮大，搭建利益共享机制，为贫困人口的医疗、养老、教育提供更多的物质支持和社区服务。当然，也需要加强集体资产管理，确保集体财产保值增值，为巩固拓展扶贫效果保驾护航。在社区公共服务供给层面，各类市场组织可以配合当地政府和村支两委，多渠道筹集建设资金，大力推动建设通村道路、水利设施、通信设施和养老、医疗等公共服务设施，营造一个良好的社区生活环境，激发贫困人口脱贫的内生动力，提升贫困人口高质量发展的信心和勇气。

总之，广泛动员全社会力量参与脱贫攻坚，不仅体现了社会主义制度的优越性，而且体现中华民族扶贫济困的传统美德。兜底扶贫是一项系统性的工程，需要认真谋划和推动，需要各方有效参与，以此确保多方主体协同的长效性。一是要进一步完善政府购买社会救助服务政策措施，建立共享信息平台，政府部门、社会组织、市场组织各个主体参与的方式多样，所获得的信息多元，通过沟通平台的建设，能够更好提高兜底扶贫的精准度。二是要加强宣传兜底扶贫报道，特别是各地脱贫的成功案例，表彰社会各界投身脱贫攻坚的干部与爱心人士等，大力弘扬扶贫光荣、济贫可敬的优良美德，激发动员各个主体参与兜底扶贫的主动性和积极性。三是围绕社会救助兜底扶贫主题，打造一系列扶贫的公益品牌，开展一系列扶贫活动，提高社会力量参与兜底扶贫的信誉度与影响力，拓宽兜底扶贫渠道。

精准对接需求，
确保多元服务的长效性

在后脱贫攻坚时期，兜底扶贫在满足贫困人口"两不愁三保障"基本需求基础上，更应认识到贫困人口的多元需求。重庆市需要精准对接贫困人口的多元需求，细化兜底扶贫服务模式，积极推进形成分类、分档、差异化、动态化的救助机制，规范帮扶过程，为贫困人口提供多元帮扶服务，确保多元服务的长效性，让贫困户拥有实实在在的获得感和幸福感。

一、精准对接贫困人口的多元需求

兜底扶贫作为一项社会保障制度，应能够满足贫困人口的基本需求，保障其基本生活。但基本需求并不等同于仅有物质和生存需求，而应是兼具生存与发展的多样需求。在重庆当前的贫困问题中，贫困的多维性特征体现得愈发明显。贫困户不同的致贫原因影响了兜底对象多元化的需求，不能一概而论。贫困户在资金、教育、医疗、心理、生理和就业等方面有不同的需求。比如，失能人员的需求是精神慰藉和身体照顾方面；重病患者是医疗保障和健康需求；农村留守老人是养老和健康需求；农村困境儿童则是教育和心理需求。所以，兜底扶贫需要从大规模集中统一的普惠性帮扶向精准帮扶转变，需要瞄准贫困群体的特征，根据个人实际情况制定差异化的扶持措施。还要注重对贫困群体的有效激励，为每个贫困群体赋权增能，激发他们的内生脱贫动力。

在未来的兜底扶贫当中，重庆市首先应该完善以低保救助制度、失业救助制度、医疗保险制度和养老制度为主的社会保障制度，建立健全兜底对象的教育保障制度，切实解决兜底对象的医疗报销、养老、就业和教育方面的问题，形成系统的保障环境，建立覆盖兜底对象群体的社会保障体系。其次，重庆市可以在已有社会服务基础上创新社会服务类型，积极引入社会组织助力兜底扶贫，发挥社会组织的专业性，开展特色专业性服务精准对接贫困人口需求。再者，重庆市政府要充分发挥基层政府的重要作用，让农村村委会和驻村干部对贫困人口要解决的具体问题一一列出需求清单，根据贫困人口的困难"对症下药"，制定详细的"订单式"类别化帮扶措施。同时，农村村委会和驻村干部联合帮扶组织，可以为贫困人口链接多种资源，根据贫困人口需求的轻重缓急、难易程度，分批解决具体问题。最后，为应对老龄化挑战，重庆市可以积极发展养老服务产业，推进医疗康养相结合，建立长期医疗照护险，推动形成养老事业多元化发展的新格局。

民政救助政策兜底 助特殊群体脱贫的北碚经验[1]

在决战决胜脱贫攻坚中，重庆市北碚区充分发挥了民政救助等政策兜底的作用。一是不漏一户特殊群体贫困户。2020年上半年，北碚区加大了城乡低保工作力度，确保因疫情影响和其他各种原因造成家庭收入下降、符合条件的城乡困难群众及时纳入低保保障。不仅保障了部分因年龄和身体健康原因无法通过就业和发展产业实现脱贫的困难群众实现"两不愁"，而且有效防止了新的贫困人口出现。到2020年上半年，北碚已将全区建档立卡贫困户中约

---

1. 资料来源：《北碚：民政救助政策兜底 助特殊群体脱贫》，《重庆日报》2020年7月24日。

30%的贫困户纳入了低保和特困保障，确保坚决兜底。

二是全区民政部门打响了扶助残疾人脱贫的专项攻坚战。北碚区民政局联合区残联、区精神卫生中心以及各镇（街道），建立了助残评级"绿色通道"，有效地解决了这一难题。"绿色通道"是根据事先收集到的贫困人员残疾情况，由区民政局工作人员进行走访初筛，对初步符合等级条件的残疾人群，"点对点"接送到指定医院检查，并购买一日意外保险，协调救护车及相关救护人员提供安全保障。残疾人

北碚区党员志愿服务队入户宣传救助政策 图片源于北碚区民政局

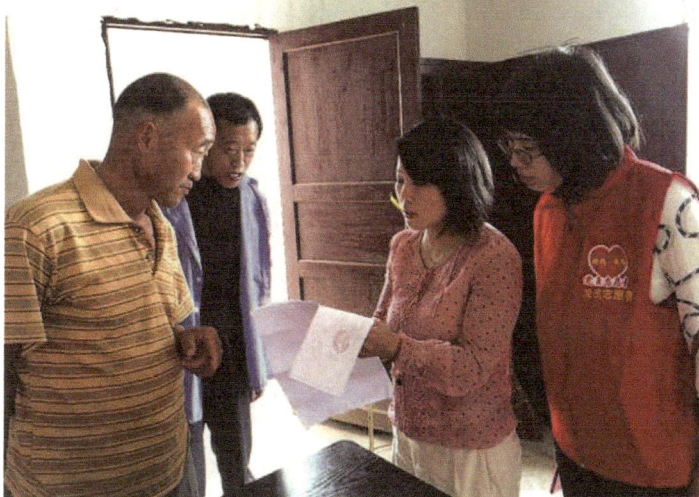

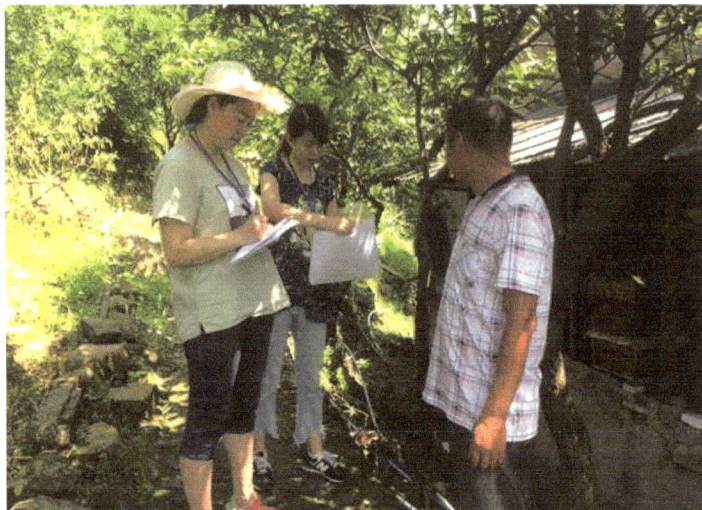

北碚区北温泉街道工作人员对辖区内农村低保对象家庭入户走访 图片源于北碚区民政局

进行伤残评估医学检查的相关费用，由区民政局承担。通过医学检查，并经残联审核合格的等级人员，便获得相应等级残疾证。2020年上半年，通过"绿色通道"，已帮助22人进行了伤残评估医学检查，已有16人评定，并拿到了残疾人证。残疾人除每个月会得到数额不等的残疾人保障和残疾人补助资金外，还能享受另外的一些政策福利。

三是对贫困失能人员进行集中照护，2019年11月26日，北碚区建在金刀峡镇石寨村的北碚区石寨照护中心正式运行。2020年上半年，累计 61 名贫困失能人员获得集中照护。进入照护中心里享受集中照护的失能残疾人，都是按照自愿申请、审批、公示等程序才收进来的。主要收住北碚户籍的特困失能人员、农村建卡未脱贫失能人员、农村建卡已脱贫（享受政策）中符合低保救助条件失能人员 3 类人员。这些住进照护中心里的失能残疾人，除确保衣食无忧、生活有人照料外，其中的特困老人每人每月还能领到零花钱。照护中心有 74 张医疗护理床，设小房间 31 间，大房间 2 间，每个小房间可居住两个老人，带有标准化独立卫生间和热水器，床头、厕所都带有紧急呼叫铃；另有适老化、标准化公共卫生间和浴室，配有暖风机、助浴凳等适老化设施。

68 岁的王孝春患有偏瘫，过去长年依靠患病的妻子照料，儿子因智力问题没有正常工作。因照顾不到位，这两年王孝春的身体越来越差。去年 11 月底，他进入照护中心后，不仅生活得到照护人员的精心照顾，病患也有专业人员护理，所患的褥疮也基本治愈。2020 年上半年，进入照护中心的失能残疾人，无论从身体还是心理，都得到了精心的照料。

二、促进兜底服务方式向精细化发展

促进兜底服务模式向精细化发展，是未来兜底扶贫制度的发展方向之一。一方面，重庆市可以创新公益扶贫岗位，助力脱贫增收。公益性岗位主要指由政府出资扶持或社会筹集资金开发的，符合公共利益的管理和服务类岗位。设立公益性扶贫岗位安置贫困人口，是助力脱贫攻坚的重要举措之一，是就业扶贫的重要内容。设立公益性岗位一方面能够拓宽贫困人口的就业增收渠道，助力贫困人口增加收入。另一方面，贫困人口能够通过公益性岗位的提供提高自食其力的能力，内在脱贫动力和创造力得到有效激发，能提升家庭收入水平。

重庆市公益性岗位政策施行已有几年时间，在实施过程中全市相关部门、各个服务机构虽然不断探索，但由于该项工作有复杂性和特殊性的特点，仍存在着职业类型不丰富、安置就业困难人员的范围较窄、公益性岗位补贴标准偏低等问题，无法有效地满足贫困人口的实际需求。未来，需要基于贫困人口的多样化需求，结合重庆各地的实际情况，积极创新公益岗位新模式。鼓励各个乡镇大力开发保洁员、护林员、劳动保障协管员、孤寡老人和留守儿童看护者、社会治安管理者、乡村道路维护者等一系列公益性岗位，对贫困家庭劳动者实行过渡性安置，确保每个贫困家庭至少有一人能够就业，

石柱县开展农村妇女巧手培训 石柱县妇联供图

并参照就业困难人员为在岗位上就业的贫困人口提供适当的岗位补贴。

　　另一方面，可以探索资产收益扶贫，帮扶贫困人口创收获益。伴随着贫困地区的发展和贫困人口规模的不断减少，重庆农村扶贫工作的形势也在不断发生改变。重庆财政部门不断深入开展资产收益扶贫工作，为重庆市打赢脱贫攻坚战提供强而有力的财政支持。资产收益扶贫是在不改变用途的情况下，财政专项扶贫资金和其他涉农资金投入设施农业、光伏、乡村旅游等项目形成的资产，具备条件的可折股量化给贫困村和贫困户，尤其是丧失劳动能力的贫困户。由于资产收益扶贫是一种优先倾向于弱能、失能贫困群体的分配制度，所以可以说资产收益扶贫是一种半福利半救助的扶贫措施，具有明显的社会帮扶意义。

未来，重庆市要总结推广通过资产收益扶贫脱贫的贫困村、贫困户经验做法，探索更为公平长效的资产收益扶贫方式。要充分考虑重庆当地的资源要素，因地制宜选择合适的资产收益扶贫项目与实施主体，促进贫困户、贫困村稳定增产增收。实施资金收益扶贫项目，加大对新型农业经营主体的资金支持，积极盘活当地"沉睡"的资源，发挥当地优势条件，带动当地的特色产业发展。通过资本入股，发展集体经济增加劳动能力弱和无劳动能力的贫困人口分享更多产业扶贫红利。同时，扶贫要通过多种方式密切产业发展与贫困人口的利益联结，积极探索利益联结的机制，大力推广利益联结模式，通过订单生产、土地流转、股权合作和吸纳就业等方式与贫困户形成稳定的产业带动关系和利益链。当然，探索资产收益扶贫，也要完善制度建设，强化风险防控，提高农业农村发展的稳定性和发展动力。

三、确保兜底帮扶过程的科学化规范化

兜底扶贫帮扶过程的科学规范主要表现在兜底扶贫具体施策效能以及制度运行效率的提升。具体而言，重

庆市一要充分发挥中国共产党的领导这一中国特色社会主义的最大优势。党的领导的制度体系总揽全局，协调各方，能够充分调动各方资源助力脱贫攻坚过程当中的精准帮扶落实。要充分激发以党建促脱贫的政治动能，继续不断提升各级党组织治贫扶贫的能力，巩固党在农村的执政基础，发挥驻村工作队等在精准帮扶当中的重要作用。进一步明确不同层级行政组织之间的权责边界。强化乡镇（街道）社会救助责任和相关保障条件。有条件的地方可按程序将低保、特困等社会救助审核确认权限下放至乡镇（街道），县级民政部门加强监督指导。村级设立社会救助协理员，困难群众较多的村（社区）建立社会救助服务站（点）。

二要注重将普惠性的政策与分类扶持性的政策有效结合以提高政策效能。普惠性的政策更注重解决基础设施建设、医疗、教育等公共服务问题，从更为宏观的层面解决公共服务方面的基本需求。而分类扶持性的政策更注重聚焦贫困群体本身，致力于根据贫困户之间的差异性制定异质且有效的帮扶措施，帮助其提高个人及家庭的生存发展能力，实现增收和可持续发展。要注重将普惠性以及分类扶持性的政策有效结合，以有力推动制度和政策效能的提升，进而助力脱贫攻坚事业的长效良性发展。

三要将脱贫攻坚进程当中的精准帮扶政策与其他政

策相结合，将其有效嵌入到国家治理体系当中，以发挥最大效能。当前较为关键的就是要将贫困治理机制与乡村振兴战略有效结合，实现脱贫奔小康与乡村振兴的有效衔接，推动贫困治理能力和治理体系现代化。

四要依托网络和动态监测机制确保兜底扶贫帮扶过程的科学规范。这主要要求重庆市要协调人社、教育、卫健、医保和残联等部门和单位及时共享各类困难群众的基础数据，在全面监测城乡低保对象、特困供养人员、未脱贫建档立卡贫困人口、存在返贫风险已脱贫人口、存在致贫风险边缘人口的基础上，将因疫情或其他原因收入骤减或支出骤增的家庭，患有慢性病和重大疾病的城乡困难群众，登记发证残疾人全部纳入监测范围，并逐步扩大到低收入人群、城乡登记失业人员等城乡困难群体，在对象覆盖上做到广覆盖、无死角，防止困难群众返贫致贫。

五要大大压缩贫困群众社会救助的申办链条。全面推行"一门受理、协同办理"，加强社会救助信息化，实现救助事项"掌上办""指尖办"。优化审核确认程序，健全社会救助家庭经济状况核对机制增强社会救助审核经办弹性。对没有争议的救助申请家庭，可不再进行民主评议。急难型临时救助可实行"小金额先行救助"，事后补充情况说明，提升兜底救助效率。

总之，党的十九届五中全会明确提到全面推进乡村振兴和加快农业农村现代化。但要清醒地看到，巩固拓展脱贫攻坚成果还存在一系列挑战，重庆市需要在既有兜底扶贫经验的基础之上，采取多种措施，不断完善兜底扶贫的体制机制，为脱贫人口构建一个包括产业发展、就业增收、医疗救助、养老服务和教育服务在内的幸福生活安全网，提升贫困人口的生活幸福指数，共享美好生活！

后记

　　《怎样实现兜底扶贫》是"精准脱贫：重庆的探索与实践"丛书中的一本。本书主要分析了以社会救助为核心的社会保障扶贫，在脱贫攻坚体系中的角色地位，以及重庆市贯彻落实习近平总书记关于兜底扶贫的重要论述，实现精准脱贫的做法、成效与典型经验。从历时性的角度来看，兜底扶贫的相关制度一直是我国扶贫开发体系中的基础性扶贫制度，扮演着贫困人口"安全网"的重要角色。未来，在巩固拓展脱贫攻坚成果的关键时期，因其特定的救助对象和服务方式，兜底扶贫也将持续性地发挥重要作用。

　　梳理重庆市在兜底扶贫中的重要经验与启示，需要深入的参与式观察与实地调研，在众多的政策文本和实践案例中，选出具有代表性的成果，也有一定难度。庆幸的是，本书的编写工作，因有众多扶贫人的支持和付出，使得困难变成了动力，不断督促和鼓励着文稿的成形。为讲好中国精准脱贫故事，2020 年 8 月丛书编写计划启动，从选题、拟定框架、实地调研、资料分析到文稿撰写，历时 5 个多月的时间。感谢中国扶贫发展中心黄承伟主任的精心组织、耐心指导和倾情付出，没有黄主任搭建的平台，就没有本书的成形。感谢重庆市扶贫办、民政局，石柱县扶贫办、民政局等部门在实地调研和资料收集方面提供的支持，感谢重庆市其他区县提供的鲜活资料。感谢北京爱文博思文化传媒有限公司和中国文联出版社工作人员，在书稿出版过程中的辛勤付出。感谢其他九本书的调研老师提供的指导和帮助。感谢山东女子学院伊超群、张华蕊、郑薇镕、刘宝淇、杨晨、李丽佳和曹俊杰七位同学在资料收集、整理和文稿校对中的付出。相信，重庆市的兜底扶贫经验，能为其他地区提供借鉴，也定能丰富具有中国特色的贫困治理体系，不断促进乡村振兴和实现农业农村现代化。

苏海

2020 年 12 月